Rudi Roubinek

WIR BLEIBEN KAISER

RUDI ROUBINEK

WIR BLEIBEN KAISER

edition a

Rudi Roubinek: Wir bleiben Kaiser

Redaktion: Die Tafelrunde, Walter Pohl, Lara Theiss
Historische Beratung: Martina Winkelhofer
Lektorat: Anatol Vitouch, Esther Wratschko

Illustration: Raja Schwahn-Reichmann
Umschlagfoto: Lukas Beck (www.lukasbeck.com)
Typografie: Rainer Erich Scheichelbauer
Druck: Theiss (www.theiss.at)

Schriften:
Ingeborg von Michael Hochleitner (www.typejockeys.at)
Premiéra von Thomas Gabriel (www.typejockeys.at)

1 2 3 4 5 — 13 12 11 10

ISBN 978-3-99001-014-3

INHALT

Für meinen Freund und Kollegen Robert Palfrader,
den einzigen Kaiser in meinem Leben

ZUM GELEIT

Am 19. Juni 2010 heirateten in Schweden Prinzessin Victoria und Daniel Westling. ORF 2 berichtete neun Stunden lang, von 9.05 bis 18.20 Uhr. Die Live-Übertragung erreichte eine Spitzen-Reichweite von 680.000 Zusehern, bei einem Marktanteil von 46 Prozent. Das heißt, dass praktisch jeder zweite Österreicher, der zu diesem Zeitpunkt fernsah, die imperiale Traumhochzeit verfolgt hat.

Warum ist das so? Weil die einen König haben und wir nicht. Dabei hatten wir sogar einmal einen Kaiser. Hatten?

Stellen Sie sich vor, Sie springen heutzutage, also genauer gesagt an einem 18. August, mit einem Fallschirm über Bad Ischl ab. Sie würden nie und nimmer glauben, dass es gar keinen Kaiser mehr gibt. Die »Kaiserstadt« begeht den Geburtstag Franz Josefs I., der sich übrigens 2010 zum 180. Mal jährte, mit einem bombastischen alles und alle erfassenden Maskenball. Es gibt eine Festmesse, eine Parade und Feiern allenthalben. Vor der Kaiservilla marschieren die Deutschmeister, die Kaiserjäger, die Tirolerschützen, historische Kavallerie und Artillerie. Eigens von der Stadt Ischl engagierte Kaiser- und Sisi-Doubles winken generös in die Menge und lassen sich geduldig fotografieren. Man erinnert sich des Glanzes und des Pomps einer längst vergangenen Zeit. Und holt sie damit wieder zurück.

Wenn Sie dann durch Ischl spazieren und in ein Geschäft gehen, egal ob Supermarkt, Boutique, Optiker, Bar, Beisl oder zum ehemaligen k. k. Hofzuckerbäcker Zauner – da lacht Ihnen kein Kanzler, kein Präsident, ja nicht einmal der Landeshauptmann entgegen, überall ist es der alte Kaiser.

Natürlich können Sie jetzt einwenden, dass das alles ja nur Folklore für die Touristen ist und dass Österreich seit nunmehr 92 Jahren Republik sei. Mit einem Parlament und einem Bundeskanzler und einem Bundespräsidenten, aber ist das wirklich so?

KARIN WAGNER

Ich sage: »Nein!«. Österreich funktioniert nach wie vor wie eine Monarchie. Alles, was wir denken, tun, sind und natürlich auch alles, was wir verkaufen, zeigt: Das Imperiale entäußert sich durch uns.

Wir bleiben Kaiser!

Davon handeln die folgenden Zeilen …

Viel Vergnügen!

Rudi Roubinek, Oktober 2010

VON SALAT, HUNDEFUTTER UND PÄPSTLICHEM SEGEN ODER: WO DER KAISER (FRANZ JOSEF) EIGENTLICH HERKOMMT

Was ist das denn eigentlich, so ein Kaiser? Kurz gesagt: einer, der wichtiger sein will als alle anderen. Gut, das möchten viele, denken wir nur an die Mitglieder unserer aktuellen Bundesregierung. Also suchen wir die Antwort in einem uralten Lexikon. Uralt insofern, als es noch aus Papier ist und in einem Regal steht, wie zum Beispiel das Duden-Herkunftswörterbuch, aber egal, wir suchen ja nach einem sehr alten Begriff: »Das altgermanische Substantiv (*mhd.* Keiser, *ahd.* Keisar, *got.* Kaisar) ist vermutlich das älteste lateinische Lehnwort im Germanischen. Es geht auf den Beinamen des römischen Diktators Gaius Julius Caesar zurück, der von den Germanen als Gattungsname für ›Herrscher‹ übernommen wurde.«

Der Name Caesar wurde in der Antike »Kaisar« ausgesprochen, also Caesar = Kaiser, alles klar?! Die frappierendste Verbindung zu allen Herrscherdynastien, die sich später auf den römischen Ahnherrn berufen werden, ist nämlich, dass der Kaiservater Julius himself die damalige römische Republik liebend gern wieder in eine Monarchie umgewandelt hätte – und scheiterte! Also jetzt aber der Reihe nach: Gaius Julius Caesar nannte sich selbst am Höhepunkt seiner politischen Karriere recht simpel und eingängig »Dictator perpetuus«, also »Diktator auf Lebenszeit« – und als solchen würden wir ihn heute wohl auch bezeichnen. Was er damals nicht wissen konnte, wir heute aber schon, war, dass sein Leben dann gar nicht mehr so lange gedauert hat. Obwohl, geahnt hat er es anscheinend, so geht die Legende, denn er wollte an jenem 15. 3. 44 v. Chr., also »in den Iden des März«, gar nicht in den Senat. Er fühlte sich nicht so besonders. Dennoch dürfte seine Verblüffung dann groß gewesen sein, als ihm unter anderem sein Ziehsohn Brutus den Dolch in den Leib rammte: »Auch du, mein Sohn?« Damit war der große Diktator dahin, geblieben ist sein Name.

Ursprünglich war in der römischen Republik das Amt des Diktators installiert worden, um zeitlich befristet – nämlich für maximal sechs Monate – dafür mit weitreichenden Vollmachten und lebenslanger Immunität ausgestattet, ein bestimmtes politisches Problem zu lösen – in der Praxis hieß das oft: ordentlich Krieg führen, ohne dass da dauernd irgendeiner dreinredet.

Heute heißt das übrigens in Italien: sich selbst mit weitreichenden Vollmachten und Immunität ausstatten und ordentlich Geld verdienen, ohne dass dauernd irgendeiner dreinredet – und der Mann dazu heißt Silvio Berlusconi und bewegt sich auch recht erfolgreich in Richtung »Ministerpräsident perpetuus«. Wer weiß, vielleicht werden ja in Hunderten von Jahren amtierende Herrscher den Titel »Silvius« tragen. Der Name bedeutet »Der Mann aus dem Wald« – wobei daraus nicht notwendigerweise geschlossen werden muss, dass alle künftigen Staatsoberhäupter Hinterwäldler sein müssen ...

Die Machtposition des Diktators jedenfalls gefiel Caesar so sehr, dass er in taktischer Meisterleistung die Amtszeit des Diktators auf ein Jahr verlängerte und anschließend gleich zehn Mal hintereinander als absoluter Herrscher regierte, ehe er zum Diktator auf Lebenszeit bestellt wurde, was wiederum seine Gegner so empörte, dass sie seine Ermordung beschlossen (siehe oben). Diktator sein gefiel auch danach immer wieder selbsternannten Führern. Noch im 20. Jahrhundert waren es – mit monströsen Folgen – leider zu viele: Adolf Hitler, Josef Stalin, Benito Mussolini, Francisco Franco, Mao Tse-tung, Nicolae Ceaușescu, Fidel Castro, Kim Il-sung, Augusto Pinochet, Idi Amin, Mobutu Sese Seko, Jean-Bédel Bokassa und so weiter. Und selbst im 21. Jahrhundert haben manche vom Führervater-Kult noch nicht genug: Erst im Juni 2010 beschloss das Parlament, Kasachstans Präsidenten Nursultan Nasarbajew, der – auch nicht gerade demokratisch – seit 1991 regiert, mit dem Titel »Ult Lideri« (»Führer der Nation«) zu ehren.

Doch weiter in der Chronologie: Caesars Großneffe (Gaius Octavius, der spätere Augustus) wurde als Gaius Iulius divi filius Caesar (also Gaius Iulius Caesar, Sohn des Vergöttlichten) nach dem gewaltsamen Tod seines Großonkels erster Kaiser der Geschichte. Und ab diesem Zeitpunkt war Caesar nicht mehr nur ein Name, sondern ein Herrschertitel, der das römische Reich um fast zwei Jahrtausende überleben sollte.

By the way: Der Autor so markiger Sprüche wie »Veni, vidi, vici.« – »Ich kam, sah, siegte.« oder »Iacta alea est.« – »Der Würfel ist geworfen worden.« (oft falsch übersetzt mit »Die Würfel sind gefallen.«), der Mann, der praktisch die gesamte damals bekannte Welt unterworfen und ganz Gallien besetzt hatte – ja, ganz Gallien, da können frankophile Comicliebhaber sagen, was sie wollen! – dieser Mann würde schön schauen, wenn er seinen klingenden Namen auf einem Hundefutter oder einem Salat sähe. Wobei der Salat ja recht schmackhaft ist, aber eigentlich gar nicht auf Julius sondern angeblich auf Cesare Cardini zurückgeht. Aber irgendwie hat er doch seine Wurzeln beim »originalen« Cäsar, denn als Basis für dieses Gericht wird »Römersalat« verwendet.

Da ist die Sache mit dem Hundefutter schon eher betrüblich, denn dieses ist nicht einmal für »richtige« Hunde gedacht, also für solche, die auf den altrömischen Molosser zurückgehen, der in der Arena gegen Löwen und Bären kämpfte und für dessen Nachfahren man heute einen Hundeführschein benötigt. »Cesar« ist vielmehr ein Leckerli für jene Hunde, die in Wien abschätzig als »Rehrattler« bezeichnet werden, oder auch als »Flohdack'n«, sofern langhaarig – ganz und gar unmajestätisch.

Caesar war jedenfalls schon irgendwie göttlich, und so nimmt es nicht wunder, dass auch all die anderen, die ihren Titel auf das römische Reich zurückführten, sich als Krone der Schöpfung sahen. Was einen, wenn man zum Beispiel Karl I., den letzten Kaiser Österreichs, betrachtet, doch ein bisserl zum Grübeln bringt, davon jedoch später mehr...

Rund tausend Jahre später

Die Kaiser des Heiligen Römischen Reiches Deutscher Nation verstanden sich als einzig wahre Nachfolger der römischen Cäsaren und als weltliche Oberhäupter der Christenheit, schließlich war Jesus im römischen Reich geboren worden. Dafür nahm man anfänglich auch noch die Mühen einer langen Reise nach Rom in Kauf, um sich dort, als Bestätigung des Einverständnisses von ganz oben, durch den Papst vom deutschen König zum römischen Kaiser krönen zu lassen.

Was nicht immer funktionierte, denn das eine Mal war der Papst von der kaiserlichen Eignung partout nicht zu überzeugen, das andere Mal wollte die Romreise an sich nicht zustande kommen, etcetera. Jedenfalls kam es immer wieder zu jahrzehntelangen »kaiserlosen« Phasen. Bis Maximillian I. (1459-1519) als erster Kaiser auf die päpstliche Zeremonie verzichtete und sich 1508 von den Kurfürsten gleichzeitig zum deutschen König und zum römischen Kaiser wählen ließ, was ab diesem Zeitpunkt das Procedere sensationell vereinfachte. Den energischen Protest des Papstes nahm man wahrscheinlich höflich zur Kenntnis, mehr definitiv nicht.

Da war die Französische Revolution schon von ganz anderem Kaliber. Ganz Europa musste gerade mit Napoleon herumwurschteln, als Kaiser Franz II. auf die Idee kam, 1806 die Krone des Heiligen Römischen Reiches niederzulegen und damit das auch wirklich endgültige Ende des Reiches erklärte. Es hätte ihm sonst leicht passieren können, dass sein Reich plötzlich ohne Mitglieder dasteht: Alle von Napoleon unterworfenen Nationen mußten nämlich dem von ihm gegründeten

Rheinbund bei- und aus dem Heiligen Römischen Reich austreten. Bevor Franz II. dergestalt seine ganze Mannschaft abhanden kam, löste er doch lieber gleich den Verein auf, um dieser peinlichen Situation zu entgehen.

Kein Reich, keine Krone, kein Titel. Aber Österreich wäre nicht Österreich, wenn man sich da nicht noch ein Hintertürl offengelassen hätte, weswegen man bereits 1804 den Titel »Kaiser von Österreich« erfunden hatte. Schließlich wollte kein Habsburger protokollarisch als Erzherzog oder König hinter einem Zaren, einem deutschen oder einem französischen Kaiser zurückstehen. Und auch der – vom massakrierten und unterworfenen Europa nicht eben als bescheiden rezipierte – Napoleon Bonaparte nannte sich schlicht: »Kaiser der Franzosen«.

Die Verordnung von Franz II., mit der er sich und seinen Nachfolgern die kaiserliche Würde verlieh, im Original:

»Neue Titulatur und Wapen Seiner Römisch- und Oesterreichisch-Kaiserlich-, auch Königlich-Apostolischen Majestät, nach den durch den Luneviller Friedensschluß herbey geführten Veränderungen und der Allerhöchsten Pragmatikal-Verordnung vom ellften August 1804. Wien, Aus der kaiserl. und kaiserl. königl. Hof- und Staats-Druckerey 1804.

Wir Franz der Zweyte,

von Gottes Gnaden erwählter römischer Kaiser, zu allen Zeiten Mehrer des Reichs, König in Germanien, zu Hungarn und Böheim, Galizien und Lodomerien etc., Erzherzog von Oesterreich, Herzog von Burgund und von Lothringen, Grossherzog von Toskana etc. etc.

Obschon Wir durch göttliche Fügung und durch die Wahl der Kurfürsten des Römisch-Deutschen Reiches zu einer Würde gediehen sind, welche Uns für Unsere Person keinen Zuwachs an Titel und Ansehen zu wünschen übrig lässt, so muss doch Unsere Sorgfalt, als Regent des Hauses und der Monarchie von Oesterreich, dahin gerichtet seyn, dass jene vollkommene Gleichheit des Titels und der erblichen Würde mit den vorzüglichsten Europäischen Regenten und Mächten aufrecht erhalten und behauptet werde, welche den Souveränen Oesterreichs, sowohl in Hinsicht des uralten Glanzes Ihres Erzhauses, ›als vermöge der Grösse und Bevölkerung Ihrer, so beträchtliche Königreiche und unabhängige Fürstenthümer in sich fassenden Staaten, gebühret, und durch völkerrechtliche Ausübung und Tractaten versichert ist.

Wir sehen Uns demnach zur dauerhaften Befestigung dieser vollkommenen Rangs-Gleichheit veranlasst und berechtigt, nach den Beyspielen, welche in dem vorigen Jahrhunderte der Russisch-Kaiserliche Hof, und nunmehr auch der neue Beherrscher Frankreichs gegeben hat, dem Hause von Oesterreich, in Rücksicht auf dessen unabhängige Staaten, den erblichen Kaiser-Titel gleichfalls beyzulegen.

In Gemässheit dessen haben Wir, nach gepflogener reiflichster Ueberlegung, beschlossen, für Uns und für Unsere Nachfolger in dem unzertrennlichen Besitze Unserer unabhängigen Königreiche und Staaten, den Titel und die Würde eines erblichen Kaisers von Oesterreich (als den Nahmen Unsers Erzhauses) dergestalt feyerlichst anzunehmen und fest zu setzen, dass Unsere sämmtlichen Königreiche, Fürstenthümer und Provinzen, ihre bisherigen Titel, Verfassungen, Vorrechte und Verhältnisse fernerhin unverändert bey-behalten sollen. Zufolge dieser Unserer allerhöchsten Entschliessung und Erklärung verordnen Wir:

Erstens: Dass unmittelbar nach Unserem Titel eines erwählten Römisch-Deutschen Kaisers, jener eines erblichen Kaisers von Oesterreich eingeschaltet werde, sonach aber Unsere weiteren Titel als König von Germanien, Ungarn, Böhmen etc., dann die eines Erzherzogs von Oesterreich etc., Herzogs von Steyermark etc., und jene der übrigen Erblande folgen sollen. Nachdem jedoch seit Unserem Regierungs-Antritte mehrere Veränderungen in den Besitzungen unseres Erzhauses vorgefallen, und durch feyerliche Tractaten bestätiget worden sind, so lassen Wir zu gleicher Zeit die beyliegende, nach dem gegenwärtigen Zustande neu regulirte Titulatur hiermit kund machen, und gehet Unsere Willensmeinung dahin, dass selbe künftighin statt der bisher üblichen eingeführet und gebraucht werde.

Zweytens: Soll allen, sowohl Unseren Descendenten beyderley Geschlechtes, als jenen Unserer Nachfolger in der Regentschaft des Erzhauses, der Titel von kaiserlich-königlichen Prinzen und Prinzessinnen, nebst jenem von Erzherzogen und Erzherzoginnen von Oesterreich, dann von kaiserlich-königlichen Hoheiten beygelegt und ertheilt werden.

Drittens: Gleichwie aber alle Unsere Königreiche und andere Staaten vorbesagter Massen in ihren bisherigen Benennungen und Zustande ungeschmälert zu verbleiben haben, so ist solches insonderheit von Unserem Königreiche Ungarn und den damit vereinigten Landen, dann von denjenigen Unserer Erbstaaten zu verstehen, welche bisher mit dem Römisch-Deutschen

Reiche in unmittelbarem Verbände gestanden sind, und auch in Zukunft die nähmlichen Verhältnisse mit demselben, in Gemässheit der von Unseren Vorfahren im Römisch-Deutschen Kaiser-thume Unserem Erzhause ertheilten Privilegien, beybehalten sollen.«

Und so wurde schließlich Kaiser Franz Josef I. wenige Jahre später zum Inbegriff eines österreichischen Kaisers in Jahrhunderte langer Tradition, obwohl der Titel erst zwei Kaiser vor ihm quasi aus dem Nichts erschaffen worden war. Darin hatten die Habsburger bereits Übung, denn auch der Titel des Erzherzogs war ein paar Jahrhunderte zuvor erfunden worden.

Erzherzog, Cäsar und Kaiser Nero – Privilegium Maius

Aus Verärgerung darüber, dass die Habsburger in der »Goldenen Bulle«, einer Art Verfassung des Heiligen Römischen Reiches, einfach nicht erwähnt, also nicht beachtet wurden, zauberte Rudolf IV. 1358 aus den Archiven ein Dokument, das Österreich zum Erzherzogtum erklärt und in seiner Bedeutung den deutschen Kurfürstentümern gleichstellt – das »Privilegium Maius«.

Dieses enthielt sieben gefälschte Urkunden, die unter anderem sogar von Julius Caesar und Kaiser Nero ausgestellt worden sein sollten, die dem damaligen Noricum bereits besondere Rechte verliehen hätten: zum Beispiel die Unteilbarkeit der Länder und die automatische Erbfolge durch den Erstgeborenen. Österreich hätte bei Anerkennung dieser Urkunden eine fast unabhängige Stellung gegenüber dem Heiligen Römischen Reich bekommen.

Dass Kaiser Karl IV. das Privilegium Maius nicht anerkannte, weil es bereits damals von seinem italienischen Gelehrten Francesco Petrarca als Märchen angesehen wurde, störte die Habsburger nicht wirklich. Dass es tatsächlich eine Fälschung war, wurde übrigens erst im 19. Jahrhundert bewiesen.

Die Habsburger mussten nur ein Jahrhundert warten, bis wieder ein Österreicher heiliger römischer Kaiser wurde – 1453 legalisierte Friedrich III. die dubiosen Urkunden und damit auch das österreichische Erzherzogtum und den Titel Erzherzog. Wie wir später sehen werden, begann damit in Österreich eine lange und ausgesprochen fantasievolle Tradition des Erfindens von Titeln und Privilegien.

Rudolf IV. verband mit der Behauptung, Erzherzog zu sein, nicht nur juristische und wirtschaftliche Ansprüche, die die Herrschaft der Habsburger in ihren Ländern festigen sollten, sondern auch das Recht auf eine königsgleiche Präsentation.

Er sah sich als »ein Glied des kaiserlichen Hauptes« – der Erzherzogshut ähnelte der römisch-deutschen Kaiserkrone verblüffend: eine Zackenkrone mit Kreuz.

Derart aufgepimpt konnten sich die Österreicher nun wieder entspannt sehen lassen: symbolisch und optisch auf Augenhöhe mit der Konkurrenz – dem König von Böhmen und den deutschen Reichsfürsten. Friedrichs Bruder, Albrecht VI., führte als erster Habsburger mit voller Rechtskraft den Titel des »Archidux Austriae«, also des Erzherzogs von Österreich ein, den die Habsburger bis 1918 offiziell trugen.

Übrigens: Auch der amtierende König Spaniens, Juan Carlos I. (Juan Carlos Alfonso Víctor María de Borbón y Borbón-Dos Sicilias) trägt den Titel »Archiduque de Austria«, weil die nach den Habsburgern in Spanien regierenden Bourbonen alle Titel der vormaligen Herrscher übernahmen.

VON WELCHEM KAISER REDEN WIR?

Wenn wir in Österreich vom Kaiser reden, dann meinen wir natürlich nicht irgendeinen, sondern jenen gütig und weise anmutenden, am Ende schon etwas schrulligen und tattrigen alten Herrn mit dem charakteristischen weißen Backenbart. Den lieben Kaiser eben, der so lange auf dem Thron saß, wie damals viele Menschenleben gar nicht dauerten. Seine Regentschaft hatte etwas Ewiges, die Zeiten Überdauerndes und mit ihr ging nicht nur der Herrscher selbst, sondern eine ganze Epoche, eine Gesellschaftsform, ein Prinzip, oder einfacher: »Die gute alte Zeit.« Kein anderer wurde durch Klischeevorstellungen so sehr zur überhöhten, omnipotenten, idealen Vaterfigur wie ER – Kaiser Franz Josef.

Franz I.

Doch bevor Majestät zur Majestät wurde, waren da noch ein paar Dinge zu klären. Wir sind wieder beim ersten Kaiser Österreichs, Franz I., der sich diesen Titel gab, weil sich ein anderer Landeschef, Napoleon Bonaparte nämlich, gerade vom Ersten Konsul der Französischen Republik zum »Kaiser der Franzosen« krönen ließ und – als wäre das noch nicht genug – Europa in ein Jahrzehnt sinnloser Kriege stürzte, bis er schließlich doch besiegt wurde. Wo er besiegt wurde? Davon sang ABBA schon.

Während dieser Zeit war Napoleon auch zwei Mal bis nach Wien vorgedrungen, wovon das Napoleonzimmer im Schloss Schönbrunn zeugt, und die Habsburger hatten 1810 sogar versucht, den Korsen durch die Verheiratung mit Marie-Louise von Habsburg, der ältesten Tochter von Franz I., friedlich zu stimmen. Erfolglos, wie sich herausstellte. Der nunmehr geschlagene Napoleon hatte aber das europäische Staatengefüge derart durcheinanderbekriegt, dass man nun ausführlich darüber debattieren musste, wie das Europa der damaligen Zukunft aussehen sollte. Das Palaver nannte sich »Wiener Kongress«, den Friedrich von Gentz, Namenspatron der Wiener Gentzgasse und damals Berater Fürst Metternichs, in einem Brief vom 27. September 1814 wie folgt beschrieb: »Die Stadt Wien bietet gegenwärtig einen überraschenden Anblick dar; alles was Europa an erlauchten Persönlichkeiten umfasst ist hier in hervorragender Weise vertreten. Der Kaiser, die Kaiserin und die Großfürstinnen von Rußland, der König von Preußen und mehrere Prinzen seines Hauses, der König von Dänemark, der König und der Kronprinz von Bayern, der König und der Kronprinz von Württemberg, der Herzog und die Prinzen der Fürstenhäuser von Mecklenburg, Sachsen-Weimar, Sachsen-Coburg, Hessen und so weiter, die Hälfte der früheren Reichsfürsten und Reichsgrafen, endlich die Unzahl von Bevollmächtigten der großen und kleinen Mächte von Europa – dies alles erzeugt eine Bewegung und eine solche Verschiedenheit von Bildern und Interessen, dass nur die außerordentliche Epoche, in der wir leben, etwas Ähnliches hervorbringen konnte. Die politischen Angelegenheiten, welche den Hintergrund dieses Bildes sind, haben indessen noch keinen wirklichen Fortschritt gebracht.«

Sarkastisch formulierte der 80-jährige k. u. k. Feldmarschall Charles Joseph Lamoral Fürst de Ligne Ähnliches: »Le Congrès danse beaucoup, mais il ne marche pas.« (auf gut Deutsch: Der

Kongress tanzt, aber es geht nix weiter). Was so nicht stimmte. Wien war eben damals schon anders. Europa feierte in Wien erleichtert das Ende jahrelanger verlustreicher Kriege. Der kaiserliche Hof veranstaltete Hofbälle, Maskenredouten, Bankette, Karussells und Feuerwerke. Man vergnügte sich im Theater und Konzert – und tanzte zur Musik von Joseph Lanner: der Wiener Walzer traf die Stimmung der Menschen anscheinend punktgenau und eroberte mit diesem Freiheitsgefühl die ganze Welt. Wobei mit »Freiheit« eine Freiheit von Napoleon gemeint war, in den jeweiligen Siegerstaaten. Insbesondere in Österreich war von der subjektiven Freiheit der Bürger keine Rede. Wirklich frei waren schon eher die Adeligen, die Gesandten und die Funktionäre, und die mulatierten Tag und Nacht. Noch einmal Fürst de Ligne im überlieferten O-Ton: »Eine seltsame Sache, die man hier zum erstenmal sieht: Das Vergnügen erringt den Frieden«. Napoleon-Bezwinger »Marschall Vorwärts« Gebhard Leberecht von Blücher, Fürst von Wahlstatt, sah das festliche Treiben pragmatisch: »Der Kongress gleicht einem Jahrmarkt in einer kleinen Stadt, wo jeder sein Vieh hintreibt, es zu verkaufen und zu vertauschen«. Er hatte Recht, wie die Geschichte bewies. Es wurde getauscht und geschachert, und Europa war wie neu. Zumindest für ein paar Jahre.

Und was pflegte der Kaiser damals schon? Das schöne Leben auf Pump. Der Historiker Helmut Rumpler beschreibt das so: »Schon im Oktober 1814, einen Monat nach Eröffnung des Kongresses, kursierte ein Porträtblatt der in Wien angekommenen Monarchen: ›Er liebt für alle: Alexander. – Er denkt für alle: Friedrich Wilhelm. – Er spricht für alle: Friedrich von Dänemark. – Er trinkt für alle: Maximilian von Bayern. – Er frißt für alle: Friedrich von Württemberg. – Er zahlt für alle: Kaiser Franz.‹ Allein die kaiserliche Tafel für 800 Personen kostete täglich 50.000 Gulden, das war pro Monat eine dreiviertel Million. Für alle Festlichkeiten mussten schließlich 7,3 Millionen Gulden aufgebracht werden. Das Geld, das der Kaiser nicht hatte, beschaffte ihm seine Regierung durch Ausgabe von Papiergeld. Unversehens waren daraus 250 Millionen geworden und 1815 druckte man weitere 155 Millionen.«

Was schließlich in einer veritablen Finanzkrise endete. Soweit man bei Finanzkrisen überhaupt von »enden« sprechen kann. Vergleicht man aber die damaligen Ergebnisse mit denen eines Polit-Events von heute, dann bleiben Kaiser Franz, Metternich & Co. wohl trotzdem klare Sieger. Die brachten damals eine politische Lösung zustande und hatten dabei monatelang mächtig Spaß, während zum Beispiel allein die Sicherheitsmaßnahmen für den G-20-Gipfel in Toronto im Juni 2010 laut dem deutschen Nachrichtenmagazin »Der Spiegel« 729 Millionen Euro verschlangen, ohne dass der Gipfel irgendein relevantes Ergebnis gebracht hätte: Zu brisanten Themen wie Bankenabgabe und Finanztransaktionssteuer konnte kaum eine Annäherung der Standpunkte erzielt werden. Das ist die »Freiheit«, wie man sie heute versteht, in der Marktwirtschaft. Und wieder sind die kleinen Leute nicht dabei, sondern außen vor – aber bezahlen dürfen sie.

Dass Kongresse heutzutage auch Geld bringen statt nur kosten könnten, erkannte indes Österreichs Tourismusbranche: Wien belegte 2009 mit 287 internationalen Kongressen nach Singapur und Brüssel den 3. Platz der weltweiten Statistik (Union of International Associations – UIA). Davon hatte Bruno

»Der Sonnenkönig« Kreisky noch geträumt, der uns ja immerhin das Wiener Architekturjuwel Konferenzzentrum bescherte, das die SPÖ Anfang der 1980er gegen massiven Widerstand der ÖVP – und der am politischen Prozess partizipierenden Bevölkerung – durchsetzte. Die ÖVP hatte dazu das bis heute »erfolgreichste« Volksbegehren organisiert. Mehr als 1,3 Millionen Österreicherinnen und Österreicher unterschrieben gegen den Bau des Austria Center Vienna – g'nutzt hat's nix.

Obwohl »nur« König und nicht Kaiser, wusste Kreisky sein kurzsichtiges Volk mit starker Hand zu führen. Allerdings kann man nur mutmaßen, dass sich Bruno der Große mit diesem Monument für die Schmach von 1978 gerächt hat, als ihm das launische und rückständige österreichische Volk die Eröffnung des Atomkraftwerkes Zwentendorf per Volksentscheid verpatzte. Die Volksabstimmung soll übrigens unter anderem deshalb negativ ausgegangen sein, weil Kreisky seinen Verbleib als Kanzler damit junktimierte. Natürlich blieb er, genau wie das 1:1-Modell eines Atomkraftwerkes.

Das Kongresszentrum jedenfalls wurde für rund 3,5 Milliarden Schilling (255 Millionen Euro) gebaut und 1987, da war Kreisky schon in Pension und der »schöne Franz« (Vranitzky) hatte das Ruder übernommen, eröffnet. Genau genommen hatte er beide Ruder übernommen, denn der eigentliche Ersatzkaiser UHBP Kurt Waldheim saß isoliert in der Hofburg. Keiner wollte etwas mit ihm zu tun haben, nur weil sein Pferd früher einmal in irgend einem Verein Mitglied gewesen war. Die Eröffnungsfeierlichkeiten gingen mit einer bombastischen TV-Show und der Crème de la Crème internationaler Show-Stars über die Bühne, als da beispielsweise waren: Agnes Baltsa, Gilbert Bécaud, José Carreras, Jerry Lewis, Plácido Domingo, Barry Manilow, Alla Pugatschowa, die Wiener Sängerknaben, Peter Alexander und Udo Jürgens – hochkarätiger ging's damals nicht.

Weil die Show natürlich ein riesiges Medien-Trara bewirkte, standen viele Veranstalter Schlange, um in der neuen Location sofort Mörder-Konzerte zu veranstalten. Ein bisserl blöd war nur, dass sich wenig später herausstellte, dass der Boden der großen Halle bei Bewegung der Gästemassen zu heftig zu schwingen begann: Das heißt, die Besucher durften zwar zuhören und -schauen, aber nicht tanzen. Damit war das Austria Center Vienna als vielseitig verwendbares Veranstaltungszentrum Geschichte und wurde doch mehr ein Hort der Messen und Fachkongresse.

Kleiner Exkurs für Protestanten oder: »Weihnachtsbaum und Kapuzinergruft«

Franziska »Fanny« Freifrau von Arnstein führte zur Zeit des Wiener Kongresses einen Salon, in dem sowohl prominente Vertreter des Hochadels als auch des Bürgertums verkehrten. Sie engagierte sich mit ihrem Mann für den Tiroler Volksaufstand gegen Napoleon und brachte aus ihrer Heimat Berlin etwas nach Österreich, das heute aus der stillsten Zeit des Jahres gar nicht mehr wegzudenken ist. Eine Schilderung darüber lautet wie folgt: »Bei Arnsteins war vorgestern nach Berliner Sitte ein sehr zahlreiches Weihnachtsbaum- oder Christbaumfest. Es waren dort Staatskanzler Hardenberg, die Staatsräte Jordan und Hoffmann, Fürst Radziwill, Herr Bartholdy, alle Anverwandten des Hauses. Alle gebetenen, eingeladenen Personen erhielten Geschenke oder Souvenirs vom Christbaum. Es wurden nach Berliner Sitte komische Lieder gesungen. Fürst Hardenberg amüsierte sich unendlich.«

Das war 1814. Bereits zwei Jahre später wurde diese Tradition von Henriette von Nassau-Weilburg aufgegriffen, was nicht weiter verwundern würde, weil die Dame Calvinistin war – nur, sie war auch die Gattin Erzherzog Karls und trotzdem nicht zum katholischen Glauben übergetreten. Damit war diese Verbindung die erste »Misch«-Ehe im erzkonservativen Hause Habsburg. Die gute Henriette soll den quasi heidnischen Weihnachtsbrauch 1816 – oder 1823, da streiten die Historiker – dann auch noch weiter in die kaiserliche Familie hineingetragen haben, beim Weihnachtsfest im Audienzsaal ihres hochherrschaftlichen Wohnpalais, der heutigen Albertina in Wien. Zum Heiligen Abend übernahm sie laut Museums-Annalen den protestantischen hessischen Brauch des »Graßbaumes«.

Zusammen mit Kaiser Franz I. versammelte sich die Familie zum gemeinsamen Gebet und zum Singen vor dem mit Zuckerwerk, Äpfeln und Kerzen geschmückten Baum. Erzherzog Johann, der Bruder Erzherzog Karls, als wohltätiger und sparsamer Habsburger bekannt, beklagte den Prunk und den Überfluss an kostbaren Wachskerzen und Leckereien. Doch der Kaiser war offenbar begeistert. Im Jahr darauf ließ auch er in der Hofburg eine prächtig geschmückte Tanne aufstellen.

Also Weihnachtsbaum, »Misch«-Ehe und zu guter Letzt noch etwas ganz Arges: Henriette von Nassau-Weilburg wurde auf Anordnung des Kaisers als einzige Nicht-Katholikin in der Kapuzinergruft beigesetzt.

Aber zurück zum Thema – wir waren bei Kaiser Franz I. und seiner Zeit: So brillant Klemens Wenzel Lothar Fürst von Metternich-Winneburg zu Beilstein im kaiserlichen Interesse als Außenminister und späterer Staatskanzler in der großen Weltpolitik agierte, so wenig konnte oder wollte er verstehen, wie sehr sich das wirtschaftlich aktive und erfolgreiche Bürgertum wünschte, in der innenpolitischen Ordnung eine mitgestaltende Rolle zu spielen. Er beließ es lieber bei totaler Bespitzelung, Überwachung und Zensur, worauf sich die Bürger für drei Jahrzehnte ins Biedermaier zurückzogen. Franz I. verstarb, es folgte 1835 Kaiser Ferdinand.

Ferdinand

Der Thronfolger entsprach wohl nicht so ganz den Erwartungen der Regenten-Familie. Jedenfalls trug er aufgrund seiner vermeintlichen oder offensichtlichen Führungsschwäche den euphemistischen Beinamen »Der Gütige«. Der Volksmund variierte den Spitznamen zu »Gütinand der Fertige« und alsbald machten Anekdötchen die Runde. So soll Ihre Majestät im Rahmen eines offiziellen Essens, bei dem ihm die Speisen nicht zusagten, erklärt haben: »Ich bin der Kaiser und ich will Knödel.«

Was uns an George Bush sen., den 41. Präsidenten der Vereinigten Staaten von Amerika, erinnert, denn der musste als Kind immer Brokkoli essen und wollte das fortan als Präsident doch tatsächlich nicht mehr tun:

»I do not like broccoli and I haven't liked it since I was a little kid and my mother made me eat it. And I'm President of the United States and I'm not going to eat any more broccoli. Now look, this is the last statement

I'm going to have on broccoli. There are truckloads of broccoli at this very minute descending on Washington. My family is divided. For the broccoli vote out there: Barbara loves broccoli. She has tried to make me eat it. She eats it all the time herself. So she can go out and meet the caravan of broccoli that's coming in.«

Das Volk in den Wiener Vorstädten drückte sich über dieses Verhalten des Regenten jedenfalls ziemlich drastisch aus. Die einfachen Leute sagten über ihren Kaiser recht eindeutig: »Der Nandl ist ein Tepp(erl)«.

Hinzu kam, dass der Monarch regelmäßig an epileptischen Anfällen litt. Seines Leidens wegen machte der Imperator wenig oder gar keine Bewegung. Eines Tages aber äußerte er den dezidierten Wunsch, auf die Jagd gehen zu wollen. Er hätte Lust, einen Adler zu erlegen. Sofort wurde der Hofjagdleiter vom Begehren seines obersten Herrn informiert, was ihn zum Ausspruch veranlasste: »Aber bittschön, der Kaiser kann doch gar nicht schießen. Wie soll denn da eine Adlerjagd veranstaltet werden?« Man beriet sich also mit einem alten und überaus erfahrenen Oberförster. Dieser fand einen Ausweg. In einem bestimmten Revier, das wüsste er, befände sich ein steinalter, zahmer und halbblinder Adler. Dieses Tier müsse man nur einfangen, auf einem niedrigen Ast platzieren und den Kaiser ganz nahe heranführen. Hinter den Monarchen müsste man außerdem einen guten Schützen stellen, der gleichzeitig mit der Majestät zu schießen habe.

Gesagt, getan. Als die hohe Jagdgesellschaft wenige Tage später aufbrach, wurde dem Kaiser ein Stand in der Nähe des flügellahmen Adlers zugewiesen, der völlig ungerührt am Ast einer Zirbe saß. In respektvoller Entfernung lag der »Scharfschütze« auf der Lauer. Ferdinand der Gütige hob seine Büchse, zielte und feuerte. Wie vorgesehen tat hinter ihm der Forstadjunkt das Gleiche. Völlig planmäßig stürzte der Adler getroffen zu Boden. Wenig später wurde die Beute dem glückstrahlenden Imperator zu Füßen gelegt. Lange und forschend betrachtete Kaiser Ferdinand das verwichene Tier. Dann meinte er missbilligend: »Das soll ein Adler sein? Der hat ja nicht einmal zwei Köpf!«

Als im Frühling des Jahres 1848 in ganz Europa und auch in Wien die bürgerliche Revolution losbrach, offenbarte sich auch die politische Naivität Kaiser Ferdinands. Aufständische zogen durch die Wiener Innenstadt und verlangten eine bürgerliche Verfassung nach dem Vorbild Frankreichs, schlecht bezahlte Staatsdiener erhofften mehr Lohn und Beförderungen und sogar die Schüler rechneten mit der Abschaffung der lateinischen Verben in den Bildungshäusern des Landes. Zentrale Forderung war jedoch der Sturz des verhassten Metternich – am 13. März 1848 war der Druck zu groß geworden, der Staatskanzler wurde abgesetzt und flüchtete einige Tage später nach London. Das Getöse der darob freudig erregten Wiener drang schließlich bis in die Hofburg, in der Ferdinand bis dahin seinen kaiserlichen Pflichten in aller Ruhe nachgekommen war. Die revolutionären Töne jedoch brachten ihn dazu, einen seiner Kämmerer nach der Lage zu fragen: »Ich bitt' ihn, sag er einmal, was ist denn da eigentlich los?« Der Kämmerer antwortete ziemlich konkret: »Majestät, die Wiener machen Revolution!« Der Kaiser überlegte eine Weile ernsthaft und sprach dann jene Worte ungerührt aus, die über die Jahrzehnte und Jahrhunderte zur Legende werden sollten: »Revolution, sagt er? Ja, derfen s' denn des?«

Wie auch immer: Angesichts der gesellschaftlichen Umbrüche – wir befinden uns schließlich inmitten einer bisher noch nie dagewesenen Revolution von Bürgertum und Proletariat – entschied sich der Familienrat für die Suche nach einem Nachfolger und fand diesen in Ferdinands Neffen: Franz Josef.

Ferdinand soll, das hat zumindest ein Zeitgenosse so miterlebt, die Amtsübergabe der Kaiserkrone an seinen Neffen mit einem jovialen »Gott segne dich, sei brav, es ist gern geschehen.« kommentiert haben. Nun würde wohl jeder sagen: Aha, toll, da hat einer seine Grenzen erkannt und großmütig auf eigene Interessen verzichtet. Sollte man meinen, jedoch: Onkel Ferdinand hatte seinem Neffen zwar den Thron überlassen, nicht jedoch die Verwaltung des riesigen habsburgischen Familienvermögens. Der Kaiser konnte zwar über das Hofvermögen und den Familienversorgungsfonds verfügen, der reichste Mann in der Familie aber blieb der Ex-Kaiser, der sich nach Prag zurückzog und überdies seine jährliche Apanage von 500.000 Gulden genoss. Und weil die allerhöchste Familie über ihre Verhältnisse zu leben beliebte, blieb es dem regierenden Kaiser nicht erspart, auf heimlichen Reisen immer wieder zu seinem Onkel zu pilgern, um Geld zu schnorren.

Jahrzehnte später, der greise Ex-Kaiser Ferdinand lebte mittlerweile auf dem Hradschin in Prag, gloste noch ein Funken politischen Interesses in dem abgedankten Monarchen. Also befragte er eines Tages einen Höfling über die Situation im Reich. Der Diener antwortete wahrheitsgemäß: »Im Norden ist ein starkes Deutsches Reich aufgerichtet worden. Und im Süden ist das Königreich Italien entstanden.« Darauf schloss der Ex-

Kaiser die Unterhaltung mit der Bemerkung: »Warum hab ich eigentlich abgedankt? So blöd hätt' ich das auch leicht machen können.«

Franz Josef

Franz Josef war da, und wahrscheinlich hätte damals niemand angenommen, dass der fesche 18-Jährige das Image der Habsburger bis heute so bleibend prägen würde. Wobei es natürlich für jeden Potentaten von Vorteil ist, wenn sein Vorgänger eine Pfeife ist oder zumindest diesen Eindruck vermittelt. Die Wahl Barack Obamas zum neuen Präsidenten der USA geriet 2008 zum epochalen Erfolg einer Gesellschaftsbewegung – »Change« –, allerdings musste fast jeder Nachfolger von George »Double U« Bush als Riesenleuchte erscheinen. Auch in unserem Lande gibt es dafür Beispiele: Auf den tapsig wirkenden Burgenländer Fred »Ich weiß, das klingt alles sehr kompliziert« Sinowatz folgte 1986 der smarte Banker Franz Vranitzky. 2008 löste Strahlemann Werner Faymann Alfred Gusenbauer ab, den Mann, der völlig überraschend die Nationalratswahlen 2006 gewonnen hatte – überraschend nicht nur für ihn selbst, sondern auch für den bis dahin amtierenden Kanzler, Wolfgang Schüssel. Als ihm ein Mitarbeiter am Nachmittag jenes Wahlsonntages mitteilte, dass die SPÖ in den Hochrechnungen vorn liege, soll Schüssel äußerst unwirsch reagiert haben. Dass er in seinem Zorn aber »Trottel« oder gar »richtige Sau« gesagt haben soll, ist an dieser Stelle ebenso falsch wie laut Schüssel selbst an allen anderen Stellen seiner politischen Laufbahn. Im Gegenteil, Schüssel erwies sich in der Folge als ausgesprochen guter

Verlierer. Auf die Frage, worin denn sein Entgegenkommen in den äußerst zähen Koalitionsverhandlungen bestünde, antwortete er: »Das größte Entgegenkommen ist, dass wir überhaupt verhandeln.« Im Zuge dieser Verhandlungen wurde ihm aber dann die ganze Brillanz und taktische Stärke des Alfred Gusenbauer vor Augen geführt. Gusenbauer überließ der ÖVP gefinkelt nicht nur alle Schlüsselministerien (Finanz, Innen, Außen), er verblüffte die Öffentlichkeit auch mit der gesellschaftspolitisch revolutionären Ansage, einen Zivildiener zum Verteidigungsminister zu machen. Das ist in etwa so grotesk, wie wenn ein Mann Frauenminister wird, »das sage ich in der Klarheit« eines Herbert Haupt.

Dieser zivile Darabos jedenfalls wurde die Eurofighter dann zwar auch nicht los, aber immerhin bemühte er sich total und tut dies noch heute. Keine einfache Aufgabe übrigens, denn was das Militär angeht, war Österreich schon zu Kaisers Zeiten gar nicht so super. Von Alfred Gusenbauer – dem Mann, der als »Sandkistenkanzler« in die österreichische Geschichte einging, wurde jedenfalls behauptet, er sei einfach zu intelligent für einen Politiker, und in der Tat: Es gelang ihm auf geradezu atemberaubende Weise, eben diesen Umstand vor der Bevölkerung zu verbergen. War auch besser so, die hätten eh nur »gesudert« – Gusenbauers Begriff für kritische Wortmeldungen bei SPÖ-Veranstaltungen.

Zur Ehrenrettung von Fred Sinowatz sollten wir noch anmerken, dass er sein Amt als Bundeskanzler zur Verfügung stellte, weil Kurt Waldheim die Präsidentschaftswahlen gewonnen hatte, obwohl oder weil die Diskussionen über dessen braune Vergangenheit den Wahlkampf bestimmt hatten und die SPÖ mit allen Mitteln gegen den »Jetzt erst recht«-ÖVP-Kandidaten aufgetreten war. Berühmtester Sager von Fred Sinowatz: »Ich nehme zur Kenntnis, dass Waldheim nicht bei der SA war, sondern nur sein Pferd.«

Fast schon vergessen ist das damalige Statement von ÖVP-Generalsekretär Michael Graff über seinen Kandidaten: »Solange nicht erwiesen ist, dass er eigenhändig sechs Juden erwürgt hat, gibt es kein Problem.« Es folgte der Rücktritt des Herrn Graff.

Dann gab's ja noch die internationale Historikerkommission, die Watchlist und so weiter, wir aber waren ja eigentlich beim blutjungen Franz Josef, der viel später einmal das Bild des weisen Monarchen schlechthin formen sollte. Jetzt, also 1848, war er einmal jung und als hoffnungsvoller Jung-Kaiser die beste Partie, die am royalen europäischen Heiratsmarkt zur Verfügung stand, schließlich war das »Haus Österreich«, wie sich die Habsburger ja selbst nannten, an katholischer Frömmigkeit nicht zu übertreffen.

Franz Josef brauchte sich darüber aber gar nicht lange Gedanken machen, denn seine Mutter, Sophie Friederike von Bayern, hatte bereits mit ihrer Schwester vereinbart, dass der junge Monarch deren Tochter Helene heiraten sollte. Die Tatkraft der Kaisermutter war weit über die Grenzen der Monarchie hinaus bekannt und veranlasste den Fürsten Bismarck einmal zu der Bemerkung: »Der einzige Mann in Wien ist die Erzherzogin Sophie.« Was irgendwie stimmen musste, denn Sophie hatte 1848 alles daran gesetzt, ihren Sohn zum künftigen Herrscher zu machen, und es hatte geklappt. Zwecks Kennenlernen traf man einander 1853 in Bad Ischl.

Göttliche Fügung, Zufall oder Schicksal – Helene wurde von ihrer jüngeren Schwester Elisabeth begleitet und Seine Majestät, damals 23 Jahre alt, verliebte sich augenblicklich in seine erst 15-jährige Cousine. Dass die Habsburger mehrfach nicht nur miteinander sondern auch mit sich selbst verwandt waren, soll hier keinesfalls die romantischen Bilder aus unseren Köpfen wischen, wenn wir an die Hochzeit von Franzl und Sisi denken. Festzuhalten ist allerdings, dass Geschwisterkinder nach kanonischem Recht nicht heiraten durften. Und dies war weder den strengkatholischen Habsburgern noch den bayrischen Wittelsbachern Wurst. Deshalb musste der Papst eine Dispens erteilen, ehe gefeiert werden durfte.

Die Hochzeit am 24. April 1854 in der Wiener Augustinerkirche legalisierte das kaiserliche Traumpaar, dessen Liebesgeschichte 100 Jahre später einer Spielfilm-Trilogie so viel Herzschmerz, Kitsch und Romantik einhauchte, dass »Sissi« und ihr Kaiser zu einem weltbekannten Habsburg-Mythos wurden, der die reale Historie gänzlich überwucherte. In den 1950ern konnte in Sachen Traumhochzeit vielleicht noch Fürst Rainier III. mithalten, der sein Fürstentum durch die Heirat mit Hollywood-Star Grace Kelly zum Mekka der High Society pushte.

Unsere Vorliebe für glücklich strahlende Herrscherpaare ist anscheinend ungebrochen. Schema: Fesche, charismatische, süße, erfolgreiche Frau hebt feschen, charismatischen, süßen, erfolgreichen Mann in den Zenit öffentlicher Wahrnehmung und Präsenz, seien es beispielsweise Barack und Michelle Obama oder Nicolas Sarkozy und Carla Bruni. Alles eine Frage gekonnter Imagepflege, und die beherrschte bereits die PR-Abteilung Kaiser Franz Josefs. In einer historischen Anekdotensammlung findet sich folgendes Geleitwort: »Dieses Büchlein enthält schöne und herzliche Züge von der Liebe und Güte unseres obersten Herrn und Kaisers Franz Josef I. Aber es soll nicht bloß schönes und herzliches darbieten, sondern es soll auch die Jugend, der es gewidmet ist, zur innigen Gegenliebe zum edlen Monarchen und namentlich zur Nachahmung seiner Güte und Liebe und Großherzigkeit entflammen. Möchte Gott geben, daß es gelänge, und der Zweck des Büchleins wäre erreicht. Linz, im Herbste 1902.«

Kaiser Franz Josef I. von Österreich.

Kaiser-Anekdoten.

Für die Jugend
gesammelt und herausgegeben
von
Franz Althuber,
reguliertem Chorherrn von St. Florian.

„Mein Herz gehört Meinen Völkern."

Linz-Urfahr 1902.
Druck und Verlag des kathol. Preßvereines.

422243-A.

Und gleich nach der freundlichen Einleitung folgt die getragene Aufforderung zur aktiven Kaisertreue:

VIRIBUS UNITIS

Es haben, treu der Sitte ihrer Ahnen,
von Habsburg Stamm, die auf den Thron berufen,
noch ehe Unvergängliches sie schufen,
geziert mit einem Spruche ihre Fahnen.

Franz Josef sah die krausgeschlungenen Bahnen,
die bunt sich zogen um des Thrones Stufen;
drum sollte seines Herolds erstes Rufen
zu ernstem Tun, zu hoher Eintracht mahnen.

So ließ er denn, den Hader zu entkräften,
an seiner blanken Schilde Wappenschäften
die Worte leuchten: Mit vereinten Kräften.

Ihr Völker Österreichs, und ihr, Parteien,
und du, der einzeln stehet in den Reihen:
folgt treu dem Spruche zu des Reichs Gedeihen!

Franz Josef hatte, wie jeder Habsburger, einen eigenen Wahlspruch. Er hatte also – vielleicht, weil er jung und optimistisch war oder auch weil er schon damals gesehen hat, dass sein Leben unterdurchschnittlich lustig verlaufen würde – »viribus unitis«, »mit vereinten Kräften« also zu seinem Motto erkoren, was ja entweder »Pack ma's« heißen kann oder auch chefmäßig »Macht's was!«.

Der bekannteste Wahlspruch der Habsburger dürfte aber einer sein, der kein Leitmotiv, sondern ein Kürzel ist, das noch dazu jede Menge Interpretationsmöglichkeiten offen lässt: AEIOU. Friedrich III. verwendete die mysteriöse Buchstabenfolge als eine Art Siegel, das er auf Gegenständen wie dem Tafelgeschirr, aber auch auf Bauten anbringen ließ. Dass AEIOU alle Vokale des Alphabets und diese in der richtigen Reihenfolge enthält, ist wahrscheinlich das Einzige, worauf sich alle Interpreten einigen können. Der Historiker Alfons Lhotsky sammelte immerhin stolze 86 Deutungen, hier eine kleine Auswahl:

- *Austriae est imperare orbi universo.* Es ist Österreich bestimmt, die Welt zu beherrschen. (Die Standard-Übersetzung lautet, weil auch AEIOU: Alles Erdreich ist Österreich untertan.)
- *Austria erit in orbe ultima.* Österreich wird im Erdkreis das letzte (Land) sein, also ewig sein, sarkastisch übersetzt: Österreich ist wirklich das Letzte.
- *Austria est imperium optime unita.* Österreich ist ein aufs Beste geeintes Reich.
- *Augustus est iustitiae optimus vindex.* Der Kaiser ist der beste Beschützer der Gerechtigkeit.
- *Austria est imperatrix omnis universi.* Österreich ist die Beherrscherin der ganzen Welt.
- *Aquila eius iuste omnia vincit.* Sein (Österreichs/des Kaisers) Adler besiegt alles auf gerechte Weise.
- *Alauda egregia inter oscines volucres.* Die Schopflerche ist herausragend unter den weissagenden Vögeln.
- *Aquila est imperatrix orbis vasti.* Der Adler ist der Herrscher einer verwüsteten Welt.
- *Aquila excellit inter omnes volucres.* Der Adler leuchtet unter allen Vögeln hervor.

- *Aquilae est imperium orbis universi.* Dem Adler gebührt die Herrschaft über die gesamte Welt.
- *Austriae erunt imperatores orbis ultimi.* Die Kaiser Österreichs werden die letzten der Welt sein.
- *Austriaci erunt imperii Ottomanici victores.* Die Österreicher werden die Bezwinger des Ottomanenreiches sein.

Nun gut, nicht alle diese Interpretationen waren wohl bierernst gemeint. Noch etwas wilder ging es da aber über die Jahrhunderte bei denjenigen Deutungen zu, die das mysteriöse AEIOU ohne lateinischen Umweg direkt auf Deutsch zu verstehen suchten:

- Allen Ernstes ist Österreich unwiderstehlich.
- Aller Ehrgeiz ist Österreich unbekannt.
- Also eigentlich ist's ohnehin unwichtig.
- Allerlei Erdreich ist Österreichs Unglück.
- Auch Eselei ist offenkundig unsterblich.
- Allzu ernst ist Österreich ungemäß.

Die schönste Version aber ist echt wienerisch: »Am End is ollas umasunst«. In diesem Zusammenhang ist noch zu erwähnen, dass jenes ominöse AEIOU auch im Wappen der Wiener Neustädter Militärakademie zu finden ist, und in den Siegelringen von deren Absolventen.

Doch wir waren ja bei Franz-Josef-Jubel-Anekdötchen. Eines lautet: »Zehn Gedenktage im Leben Franz Josef I. Der 24. April 1854. Am Abend dieses denkwürdigen Freudentages kniete Franz Josef im vollen Glanze eines Herrschers von Oesterreich vor dem Hochaltare der im Kerzenlichte erstrahlenden Hofpfarrkirche zu St. Augustin in Wien; an des Kaisers Seite kniete die erkorene Lebensgefährtin Elisabeth, Tochter des Herzogs Maximilian in Bayern; der Fürsterzbischof Othmar von Rauscher vollzog die Trauung des hohen Kaiserpaares und Glockengeläute und Kanonendonner trug die frohe Kunde in die weiten Lande hinaus, daß Kaiser Franz Josef I. ein Herz gefunden hatte, mit dem er für die Ewigkeit verbunden war.«

Übrigens: Ist Ihnen schon einmal aufgefallen, dass »Sisi« in der bildlichen Darstellung immer die junge, schöne, anmutige, glückliche Kaiserin blieb? Eine, die niemals altert? Das hatte ganz banal mit der Entscheidung Elisabeths zu tun, sich ab einem gewissen Alter entweder gar nicht oder wenn, dann nur idealisiert darstellen zu lassen. Was natürlich etwas unstimmig wirkt, wenn der Partner auf dem Foto so alt aussieht, wie er eben ist. Aus dem blutjungen Mädel namens Sisi wurde die schöne Frau Kaiserin Elisabeth, der junge Bursch an ihrer Seite wurde zum eindrucksvollen Herrscher und schließlich unaufhaltsam zum gütigen Kaiser-Opa, als der er die heutige Erinnerung prägt.

Die Tradition, sich vorteilhafter darzustellen, als man ist, war früher gang und gäbe. Bestes Beispiel sind die Bilder von Hochzeitskandidaten und -kandidatinnen. Hochzeiten wurden ja bekanntlich lange nicht als Liebesheiraten gesehen, sondern als Mittel zum Zweck, meist um machtpolitische Strategien zu verfolgen. Wollte also ein Regent seinen Nachkömmling mit dem Spross eines zweiten Herrscherhauses vermählen, so wurden zuerst einmal geschönte Portraits der beiden gemalt, um dem jeweils anderen einen Eindruck zu vermitteln, der im Optimalfall entsprechende Begeisterung auslösen sollte. Die Bilder wurden den potenziellen Heiratsparteien zugestellt – und dann kam eine Vermählung zustande oder auch nicht. Im Wiener Kunsthistorischen Museum sind zum Beispiel drei berühmte Bilder von Diego Rodríguez de Silva y Velázquez zu sehen, auf denen der spanische Meister die Infantin Margarita Teresa im Alter von drei, fünf und acht Jahren so darstellt, wie sie den Erwartungen anscheinend am besten entsprach.

Wir sehen in diesem Gemälde aus heutiger Perspektive ein auf stolze Dame getrimmtes, armes, ernstes, schüchternes, verängstigtes Kind, aber die Portraits zeigten die gewünschte Wirkung: Die spanische Prinzessin Margarita Teresa heiratete – im Sinne der habsburgischen Heiratspolitik und nach langwierigen Verhandlungen – einige Jahre nach der Übersendung der Velázquez-Portraits Kaiser Leopold I., der zugleich ihr Onkel und ihr Cousin war.

Kleiner Exkurs über Leopold I. oder: Wie man einen Thronfolger zeugt

In der Mitte des 17. Jahrhunderts standen die Habsburger vor einem dramatischen dynastischen Engpass: Kaiser Leopold I. war gefordert, einen männlichen Erben zu produzieren, zumal bereits zwei seiner Brüder, Ferdinand IV. und Erzherzog Karl Joseph, das Zeitliche gesegnet hatten. Abgesehen vom äußerst degenerierten Karl II. von Spanien war Leopold nun der einzige männliche Habsburger, der noch sowohl staatspolitisch als auch geschlechtssichernd handlungsfähig war. Es drohte das Ende der »Spanischen Linie« der Habsburger, die für den erweiterten Territorialanspruch im Südwesten Europas extrem wichtig war. Vor allem wegen drängender Besitzansprüche der französischen Bourbonen. Also musste eine fruchtbare Verbindung zwischen ihm und einer spanischen Infantin her. Leichter gesagt als getan: Durch die vielschichtigen Verwandtschaftsverhältnisse im eigenen Hause war praktisch keine Heirat möglich, die nach heutigen Maßstäben keine glatte Inzucht bedeutet hätte. Der mächtigste Konkurrent der Habsburger, der französische

»Sonnenkönig« Ludwig XIV., hatte die älteste Tochter des spanischen Königs, Infantin Maria Teresa, die für uns verwirrenderweise noch dazu »Maria Teresa de Austria« hieß, weggeheiratet. Also nahm Leopold schließlich deren jüngere Schwester, Margarita Teresa von Spanien, zur Frau. Die erwartbaren Folgen der inzestuösen Ehe stellten sich alsbald ein: drei der vier Kinder starben ganz jung, das vierte, Maria Antonia, verschied mit 23 Jahren.

Allein der Produktion von Thronfolgern zwecks Fortbestand und Machterhaltung galt das fundamentale Interesse der Habsburger-Dynastie. Verstörend offen hat dies Kaiser Leopold I. im Jahr 1672 nach dem Tod der im selben Jahr geborenen und verstorbenen Tochter Maria Anna Antonie kommentiert. Er meinte nach dem plötzlichen Ableben des Mädchens lapidar: »Wär' es ein Sohn gewest, wie man es verlangt, was wär' dies vor ein Leid jezo, aber ein Madl kann man leichter verschmerzen.«

Das erinnert an die zeitgenössische ähnlich barbarische Bevorzugung männlicher Nachkommenschaft in China oder Indien, aber zumindest bis zur Regentschaft Maria Theresias waren auch die Habsburger in jenem Fortpflanzungsdenken gefangen. Dabei hatte alles so märchenhaft begonnen.

Für die Hochzeitsfeierlichkeiten anlässlich der Vermählung mit Infantin Margarita Teresa verwandelte Kaiser Leopold die Reichshauptstadt in eine riesige Bühne. Die Aufführung der italienischen Oper »Il Pomo d'Oro«, die für dieses Ereignis komponiert und nur ein einziges Mal aufgeführt wurde, kostete die unfassbare Summe von 100.000 Gulden. Noch mehr, nämlich 350.000 Gulden, verschlang die Produktion des »Rossballetts«, das als aufwendigstes Fest in die Geschichte des Barock einging. Und das, obwohl die Statisten »gratis« waren. Es handelte sich nämlich um die Wienerinnen und Wiener, die das gigantomanische Spektakel im Burghof verfolgten.

Der Aufzug der Schauspieler umfasste mehr als 1300 Personen, alle Adeligen der Monarchie waren aufgeboten worden, um in diverseste Rollen zu schlüpfen. Schiffe fuhren in den Burghof ein, mythologische Gestalten schwebten in der Luft, Schriftzüge erschienen am Himmel. Von den Gipfeln der künstlich aufgeworfenen Berge Ätna und Parnass an den Wiener Stadtmauern stiegen bunte Sterne und Raketen auf, insgesamt rund 80.000 Feuerwerkskörper mit einer Pulverladung von einer halben Tonne Gewicht waren im Einsatz. Leopold selbst spielte bei allen Darbietungen mit. Mit Silberspitzen und Diamanten geschmückt, führte er die Edlen des Hofes beim opulenten Pferdeballett an.

Viele, viele Jahre sollten vergehen, bis in Wien wieder ein Leopold so ein Mega-Festl spendierte. Dr. Leopold Gratz, Bürgermeister von Wien und sein Nachfolger Helmut Zilk waren die Geburtshelfer für das mittlerweile größte eintrittsfreie Open-Air-Event Europas – das Wiener Donauinselfest. Bis zu drei Millionen Besucher jährlich feiern mit drei Millionen Litern Bier, Spritzer, Brathendln, Steckerlfisch, Würsteln und Kebabs ein fulminantes Spektakel, finanziert von mildtätigen Sponsoren und der die Stadt regierenden Wiener SPÖ. Ohne jeden schnöden Hintergedanken in Richtung Wählerfang. Weil's uns halt einfach eine Freude machen wollen. Das ist doch schön. Schön für die Wiener, die immer gern a Gaudi haben. Und genauso schön für die das Umland bewohnenden

Niederösterreicher und Burgenländer, weil ihnen wenigstens an diesem Wochenende die Wiener Ausflügler erspart bleiben.

Kaiser Leopold, der »häßliche Schöngeist«, wie er aus verständlichen Gründen (siehe oben) genannt wurde, hatte ein Faible für Opern und Theater. Sein Credo war: »Die ganze Welt ist Bühne«, allerdings nur für ihn und seinen Hofstaat. Der habsburgerischste unter den Habsburgern – seine erbliche Degeneration war soweit fortgeschritten, dass er seinen Mund nicht schließen konnte – veranstaltete Feste am laufenden Band, während sein Volk hungerte.

Streng nach dem spanischen Hofzeremoniell regierend, ließ Leopold alles aufbieten, was die Krone an Pomp und Gloria zur

Verfügung hatte. Er war der erklärte Renaissancekaiser, der im 17. Jahrhundert alles umsetzte, was die damalige Kunstwelt entwickelt hatte. Und er komponierte. Unter anderem einen Teil von »Il Pomo d'Oro«, der Oper für seine Angebetete, sowie zahlreiche kirchliche und weltliche Titel wie Oratorien, Singspiele und Ballette, dass Musikwissenschaftler ihn ernsthaft als bedeutenden österreichischen Barockkomponisten bezeichnen. Mit seinem Hofarchitekten Fischer von Erlach ließ Leopold die Pestsäule am Wiener Graben errichten und den prachtvollen Leopoldinischen Trakt der Hofburg bauen. Der Adel zog nach, und so entstanden die wichtigsten Stadtpalais, welche heute noch von Leopolds Glanz und Gloria zeugen.

Sein Volk hingegen hatte nicht viel von den repräsentativen Orgien des Kaisers. Aber wenigstens dies: Als Leopold die Spesen für seine öffentliche Opernaufführung abrechnen ließ, fand sich auch ein Spesenposten von »9000 Gulden für gestohlene Teller«. Die Wiener hatten sich das kaiserliche Silber einverleibt, wo immer es ging, vielleicht verziehen sie ihm deshalb seine Flucht nach Linz, als die türkischen Truppen Richtung Wien anrückten.

Wobei die Geschichte mit den Türken ja dank der berühmtesten und besten Feldherren, die Österreich je hatte, letzten Endes gut ausgegangen ist: Raimondo Graf Montecuccoli schlug die Türken im seither bekannten burgenländischen Mogersdorf und Eugen Franz, Prinz von Savoyen-Carignan, führte sein Heer erfolgreich während des »Großen Türkenkrieges«. Und auch ein Pole hat Leopold aus der Verlegenheit geholfen: König Sobieski befreite Wien 1683 mit seinem Entsatzheer von der zweiten großen Türkenbelagerung.

Was die Erinnerung in Wien anlangt, so bekam Sobieski eine Gasse, Montecuccoli einen Platz und Prinz Eugen immerhin eine Straße – und Kaiser Leopold wurde schon zu Lebzeiten – wenn man unter sich war – »Türkenpoldl« genannt.

Nur der Vollständigkeit halber und um wieder zum Thema Habsburger & Erben zu kommen: 1673 starb Leopolds Frau, und so ging's mit dem Fortpflanzungsritual munter weiter. Zunächst heiratete er die Tirolerin Claudia Felicitas, seine Großcousine. Beide Töchter aus dieser Verbindung wurden kein Jahr alt. Nach dem wiederum frühen Tod dieser »Zweitfrau« suchte man nach einem besonders fruchtbaren Geschlecht und fand dieses Potential in Eleonore Magdalena von Pfalz-Neuburg, die dem Kaiser endlich zwei halbwegs gesunde Söhne gebar: Josef I. und Karl IV. Damit war die Dynastie der Habsburger gerettet. Der eine wurde später römisch-deutscher Kaiser (und war der Vater von Maria Theresia), der andere war für das spanische Erbe vorgesehen.

Doch auch der Spektakel-Kaiser Leopold I. pflegte seinen Hang zur Güte. In der zweiten Hälfte des 17. Jahrhunderts kam es in der Monarchie zu einer Explosion des Bettlerwesens. Seuchen, Naturkatastrophen und die Folgen des Dreißigjährigen Krieges stürzten die Bevölkerung in unvorstellbare Not. Die Lage wurde schließlich sogar für die Mitglieder des Kaiserhauses prekär. An allen Ecken und Enden der Wienerstadt lagerten Bettler und Hausierer, sodass im Jahr 1671 in der Wiener Leopoldstadt ein eigenes »Zuchthaus für arbeitsscheues Gesindel« errichtet wurde. Diese »sozialpolitische Innovation« hatte natürlich keinerlei positive Wirkung, das Bettlerwesen weitete sich aus. Die Hofburg wurde von Bittstellern geradezu belagert, man erhoffte sich milde Gaben von den hohen Herrschaften, die dort ein- und ausfuhren.

Kaiser Leopold I. nützte diese Situation für Werbung in eigener Sache. Immer, wenn er den Hof privat verließ, hatte er einen Sack voll Geld bei sich, den er unter den notdürftigen Menschen entlang seines Weges verteilte. Angesprochen auf seine Freizügigkeit, antwortete der Monarch höchst eigennützig: »Wenn ich das Geld auf Mätressen und Frauenzimmer ausgeben würde, so würde kein Mensch davon reden. Also störe man mich darin nicht.«

Wir sind wieder bei unserem Kaiser Franz Josef, der sich 200 Jahre später schon subtiler feiern ließ. Hier ein weiterer Schwank aus der erwähnten Sammlung: »Aus dem Jahre 1867. Bei einer Ausstellung in Budapest durchschritt der Kaiser eine der Abteilungen und besichtigte mit gewohnter Gründlichkeit die einzelnen Gegenstände. Der Abteilungsobmann, der die Ehre hatte, dem Kaiser die einzelnen Aussteller vorzustellen, tat dies in seiner Verlegenheit in der Weise, dass er bei jedem Herrn sagte: ›Herr X. Seine Majestät.‹ – ›Herr Y. Seine Majestät.‹ – ›Herr Z. Seine Majestät.‹ Der Kaiser hörte geduldig zu; endlich, als die Reihe an den vierten kommen sollte, meinte er lächelnd: ›Nun, ich glaube die übrigen Herren dürften mich jetzt schon kennen!‹«

Ein humorvoller Monarch also, trotz all seiner Kaiserlichkeit ein Mensch geblieben, das soll diese Geschichte wohl vermitteln. Wenn ER nicht der Kaiser wäre, könnt' er fast einer von uns sein. Der Glorienschein um das Kaiserhaus funktionierte dank fehlender Gegenmeinungsträger und unabhängiger Medien. Heute ist das natürlich nicht ganz so einfach. Hat sich in der Öffentlichkeit einmal ein Bild festgesetzt, ist es schwierig, es zu korrigieren, und manchmal bewirken entsprechende Versuche dann das Gegenteil. Dr. Alfred Gusenbauer, dem man – wie oben schon kurz angedeutet – nachsagte, dass er unheimlich belesen, vielsprachig, international bis zum Gehtnichtmehr vernetzt und so weiter wäre, machte als Bundeskanzler eine nicht so ganz glückliche Figur. Beim Versuch, das Image des leicht bourgeoisen, Rotwein liebenden Edel-Sozialdemokraten in Richtung Erdigkeit und Bodennähe zu korrigieren, verfiel man auf die Idee, das dynamische Bild eines sportiven Bundeskanzler zu kreieren. Ergebnis: Ein beleibter »Gusi« in zu engen Radlerhosen, ganz Österreich schmunzelte hämisch.

RICARDO HERRGOTT

Solch ein mediales Echo musste der junge Franz Josef nicht fürchten, denn sein Stand als gekröntes Haupt einer absolutistischen Herrscherdynastie verbot jegliche Kritik. Dabei war der junge Kaiser wenige Jahre zuvor noch ein – für habsburgische Verhältnisse – rabaukenhaftes Kind gewesen. Während einer Reise durch Niederösterreich machte seine Mutter, Erzherzogin Sophie, im Jahr 1843 in einem Pfarrhaus halt, um dort zu übernachten. Während sie sich mit dem Geistlichen unterhielt, stahl sich der junge Franz Josef runter an den See bei Schloss Persenbeug, koppelte ein Boot los und schaukelte damit, bis das Wasser hoch aufspritzte. Mutter Sophie bemerkte das und bat den Gottesmann, doch hinab zu gehen, um dem Knaben das gefährliche Spiel zu verbieten. Der alte Mann jedoch blieb sitzen und sagte voller Weisheit: »Wenn er einifallt, kaiserliche Hoheit, dann zah' ma ihn schon aussi. Wenn er einmal Kaiser wird, wird no mehr über eam kemma.« Und es kam über ihn, und wie.

DAS BERÜHMTE HOFZEREMONIELL

Wann immer viele Menschen miteinander zu tun haben, bedarf es gewisser Regeln. Das gilt für eine Fußballmannschaft, ein Ballettensemble und natürlich auch für einen Hofstaat. Regeln sind aber nicht nur dazu da, um den Umgang miteinander zu organisieren, sie disziplinieren auch alle, die sie befolgen, und sind eine Drohung für alle, die sie nicht befolgen.

Grundlage des österreichischen Hofzeremoniells war jenes, das am spanischen Hof seit Karl V. gepflogen und immer weiter ausgebaut wurde. Es folgte einem alten und im Prinzip grundvernünftigen Gedanken – zumindest aus der Perspektive dessen, der gerade der Chef war: Es ging um die Erhebung des jeweiligen Herrschers ins Transzendente. Denn je näher ein Kaiser, König oder Fürst in der allgemeinen Wahrnehmung dem Allmächtigen stand, desto weniger war es möglich, sich seinen Anordnungen zu widersetzen. Deshalb haben sich viele Herrschende als unmittelbare Abkömmlinge Gottes ausgegeben. Mit teilweise durchaus beeindruckendem Erfolg.

Jetzt, hier und heute versuchen Politiker zwar nicht mehr, sich selbst als göttlich darzustellen, aber Dinge wie das berüchtigte »Nulldefizit« oder trendige Prinzipien, wie jenes der immer wieder einmal notwendigen »schmerzhaften Einschnitte« kommen schon so daher, beziehungsweise werden gezielt so präsentiert, als ob sie die Wahrheit an und für sich und ergo göttlichen Ursprungs wären. »There is no alternative«, sprach Margaret Thatcher in den Siebzigern und sakralisierte damit ihre neoliberale Politik. In der Moderne soll also immer noch das für die Handlungen der Herrschenden gelten, was anno dazumal für ihre Person als Ganzes galt. Was ägyptischen Pharaonen, römischen Cäsaren und japanischen Tennos gelang, das wollten auch die Habsburger für sich in Anspruch nehmen: die Herrschaft von Gottes Gnaden.

So wie sich die römisch-deutschen Kaiser vom Papst höchstselbst salben ließen, um damit die göttliche Zustimmung zu ihrer Herrschaft zu demonstrieren, so galt es auch, allen Untertanen im Alltag klarzumachen: »Ich bin der Stellvertreter Gottes auf Erden, und wer sich mir widersetzt, der hat es echt nicht lustig.« Nun war die gängige Religion am spanischen Hofe der Katholizismus, also lag nichts näher, als den König beziehungsweise Kaiser als Nachfahren Christi darzustellen. Dabei ergaben sich im Laufe der Jahrhunderte durchaus interessante Parallelen zur katholischen Kirche. Kaiser Franz Josef I. wusch am Gründonnerstag noch alten Männern die Füße – so wie es der Papst bis heute tut. Im Laufe der Zeit wurden mehr und mehr protokollarische Anstrengungen unternommen, um den Kaiser als unfehlbar, unantastbar und bewunderungswürdig darzustellen. Der Kaiser war super; jene, die ihm nahestanden, auch ziemlich gut, die darunter immer noch besser als Mittelmaß und so weiter und so fort. Sagen wir's ruhig pathetisch: Die Ordnung am österreichischen Hofe war nicht mehr und nicht weniger als ein Abbild der göttlichen Ordnung, in der es ja bekanntlich auch kein »vielleicht« gibt.

Denkt man an eine Plakatserie der ÖVP in einem Nationalratswahlkampf der jüngeren Vergangenheit, dann kann man darauf schließen, wie reizvoll die Beschwörung der Unantastbarkeit des Herrschers offenbar auch noch in unserer Gegenwart und unter demokratischen Verhältnissen ist.

Anstatt einer inhaltlichen Botschaft plakatierte man damals das Konterfei Wolfgang Schüssels und dazu den Spruch: »Wer, wenn nicht er.«

Zu Zeiten der Monarchie war jede noch so kleine, scheinbar unbedeutende Handlung determiniert und jedes Hofamt mit bestimmten Pflichten und Privilegien bestückt, die selbst noch den kleinsten Hofbeamten über den bloßen Untertanen erhoben. Das Hofzeremoniell-Departement wachte penibel über die Einhaltung der Etikette, denn wer was wie tat, war die verlässlichste sichtbare Dokumentation seiner Stellung am Hof und somit Hinweis auf seinen Rang innerhalb der adeligen Gesellschaft. Aber beginnen wir am Anfang, oder, um es mit wenigen Worten zu sagen, beim »Hallo!«

Begrüßung

Jemandem zur Begrüßung die rechte Hand entgegenzustrecken, ist bei uns üblich. Wir können davon ausgehen, dass unser Gegenüber die Hand nicht verdreht, quetscht, schlägt oder quasi im Raum stehen lässt, sondern sie ebenfalls brav mit der Rechten nimmt, kurz schüttelt und ein Wort der Begrüßung erwidert – bei uns in Österreich in allen sprachlichen Varianten vom »Grüß Sie Gott« und »Guten Tag« über »Griaß di« bis zum »Servus«.

Der Ursprung dieses Händedrucks soll irgendwo in grauer Vorzeit liegen, als es noch üblich war, einen Gurt zu tragen, an dem sich ein Schwert, ein Degen oder sonst ein spitzes Werkzeug befand, mit dem man seinen Mitmenschen durchaus unfreundlich begegnen konnte. Indem man einander die unbewaffnete rechte Hand reichte, also jene, die ansonsten das Schwert führte, demonstrierte man: »Ich komme in friedlicher Absicht.«

In späterer Folge sollte die Art der Begrüßung auch die persönliche politische Gesinnung wiedergeben. Die Schwarzen sagten prinzipiell »Grüß Gott«, die Roten prinzipiell »Guten Tag«, was ihnen neutraler erschien, weil sie ja mit Gott per se politisch nicht so viel anfangen konnten. Die noch straighteren Sozis verwendeten »Freundschaft«, und das nicht nur untereinander.

In der Arbeiterbewegung des 19. Jahrhunderts grüßte man einander standesbewusst martialisch mit der erhobenen Faust. Nach der Spaltung in Kommunisten und Sozialdemokraten erhoben die einen die rechte und die anderen die linke Faust zum Gruß, später grüßten die Kommunisten mit abgewinkeltem Arm und die Sozialdemokraten mit durchgestrecktem.

Einer, der mit diesen Ausdrucksfeinheiten wenig anfangen konnte, war der Wiener Bürgermeister Dr. Helmut Zilk, Urgestein der Wiener SPÖ. Er verwendete prinzipiell wieder das schlichte »Grüß Gott« und erzählte gern, wie seine Parteifreunde im Nachkriegsösterreich bei der Antwort auf diesen traditionellen Gruß herumlavierten.

Sozialdemokraten und Christlich-Soziale waren vor der NS-Zeit verfeindet, es kam in den 30er-Jahren zu bewaffneten Auseinandersetzungen und zu bürgerkriegsähnlichen Zuständen. Was die damaligen Konservativen rund um Kanzler Dollfuß euphemistisch als die »Selbstausschaltung des Parlaments« bezeichneten, war in Wirklichkeit das gewaltsame Ende der ersten, kurzen Phase der Demokratie in Österreich.

Jedenfalls waren sich Rot und Schwarz nach 1945 gar nicht grün und besonders die Sozialdemokraten wollten sich grußtechnisch absetzen. Aus dem doch sehr deutschen »Guten Tag« wurde in Österreich bald »Gunn Dag« oder nur mehr ein »Dag!« Auch »Begrüße Sie« und kürzer »Grüß' Sie!« kam zum Einsatz. – Jene Menschen, die sich mit beiden Reichshälften arrangieren wollten – und solche soll es ja gegeben haben – grüßten sicherheitshalber mit »Grüß Gott in aller Freundschaft!« oder einfacher mit »Grüß Gott, gunn Dag!«

»Hallo«-Sagen und Händeschütteln ist für uns selbstverständlich, dazu kommen noch speziellere Begrüßungsrituale wie freundschaftliches Umarmen, noch vertrauteres Küssen und beinahe endlos viele Szene-Varianten wie »Victory« (dank Winston Churchill), »Shaka« (beliebt bei Surfern und Barack Obama auf Hawaii), »High Five« (wahrscheinlich erfunden von Basketballspieler Derek Smith und den Louisville Cardinals) und, und, und ...

In Großbetrieben, Ämtern und auch echten Hackler-Stätten ist vor allem das bereits morgendlich kollegial zugeraunte »Mahlzeit« beliebt, das die Freude auf die ersehnte Mittagspause unterstreicht. Einige der traditionellen Begrüßungsfloskeln haben sich, zumindest in Europa, größtenteils einfach überlebt. So heben Sozialisten und Kommunisten nur noch selten die linke oder rechte Faust zum Gruß. Andere der Uraltbegrüßungen sind allerdings immer noch tagtäglich in Gebrauch. »Heil« zum Beispiel ist ein Glückwunsch, der den Hitler'schen Missbrauch überstanden hat und von Vorarlbergern ganz normal verwendet wird. Die Angler wünschen sich »Petri Heil!«, die Jäger »Waidmanns Heil!«, und so weiter. Ob die römischen Senatoren

»Ave Cäsar!« gerufen haben, bevor sie den großen Julius meuchelten, ist nicht überliefert.

Was das jetzt wieder mit unserem Kaiser zu tun hat? Es geht um Höflichkeit. Allein das Wort »höflich« kann ja kaum zufällig so klingen wie »höfisch«, und da sind wir wieder bei Hofe. Der Hof der Habsburger war der unantastbare Hort der absoluten Höflichkeit – das herrschaftliche Leben – und das aller davon Betroffenen wurde im Zeremoniell einbetoniert.

Herrschaftliches »Leben«?!

Wie man's nimmt. Jede Geste, jede Bewegung, jedes Wort hatte seine Bedeutung. Zufällig oder spontan war genau nichts. Jeder Bedauernswerte, der am Hofe diente, hatte einen schweren Rucksack an zeremoniellen Vorschriften zu tragen, wie einen Panzer, der etwas schützt, das irgendwann einmal gar nicht mehr da ist.

Ich zitiere aus der »Lebenswelt der Habsburger«: »Eine vielleicht sogar wahre Geschichte, die Lord Herbert of Cherburg vom Hof des spanischen Königs Philipps II. berichtete: Der König tadelte einen seiner Gesandten, weil er auf seiner Gesandtschaftsreise nach Italien die Staatsgeschäfte vernachlässigte und sich stattdessen mit dem französischen Botschafter um eine Zeremonialfrage stritt. Der Gesandte soll erwidert haben: ›¿Como por una ceremonia? Vuessa Majesta misma no es sino una ceremonia.‹ (Was heißt hier wegen einer Zeremonie? Eure Majestät selbst sind nichts anderes als eine Zeremonie). Wie wunderbar passt dazu die Tatsache, dass derselbe Philipp II. eine Audienzfigur besaß, ein silbernes Double seiner Person, das manchmal auch als beweglich beschrieben wird und dessen Kopf Pompeo Leoni (Ein Renaissance-Bildhauer, Anm.) schuf. Bekleidet mit einem deutschen Harnisch repräsentierte diese Figur nicht nur die stets gegenwärtige Majestät, sie wurde auch bei Audienzen weniger bedeutender Gesandter verwendet – eben nur eine personifizierte Zeremonie.«

Ich musste das gleich drei Mal lesen. Heißt also, auch wenn jemand alle Hürden überwunden hatte, um überhaupt zu einer königlichen Audienz zugelassen zu werden, eine Ehre also, die ja letztlich nur Auserwählten zu Teil wurde, auch dann konnte er sich nicht sicher sein, dass er nicht nur eine Puppe anhimmeln durfte. Was durchaus etwas Religiöses an sich hat. Milde ausgedrückt. Man könnte auch Heiligenverehrung oder Gottesanbetung sagen. Daher rührte auch der mittelalterliche Glaube, dass ein König durch Handauflegen Krankheiten heilen könne. Europäischer Voodoo.

Der König war also heilig und deswegen musste er besonders geschützt werden, was dazu führte, dass er sich immer weiter vom wirklichen Leben seines Volkes entfernte.

»Der ganze Palast war wie ein großes Gefängnis, alle Türen waren verschlossen. Zwar waren alle Schlösser gleich, doch gab es nur drei Schlüssel dazu. Einen besaß der König, die beiden anderen verwahrte der Palastquartiermeister, genannt ›Aposentador de Palacio‹, einen davon lieh er tagsüber dem Oberstkämmerer. Der Quartiermeister mußte dem König alle Türen aufsperren und hinter ihm wieder verschließen – das geschah sogar dann, wenn der König in der Nacht seine Frau aufsuchte, um seinen ehelichen Pflichten nachzukommen. Privatheit gab es also selbst im Intimbereich nie.«

Von wegen Leben.

Sogar Berührungen waren streng reglementiert. Bis zum 18.Jahrhundert war es den meisten Bediensteten am Hof untersagt, die Herrschenden zu berühren. So kam es zu geradezu absurden Episoden. Wie etwa jener, als Königin Isabella I. im Zuge eines Ausritts vom Pferd fiel. Dabei verhedderte sich die Regentin mit einem Fuß im Steigbügel und wurde vom durchgehenden Pferd mitgeschleift. Rasches Handeln war angesagt, aber der erste Stallmeister, der als Einziger das Recht hatte, die Infantin zu berühren, war nicht zugegen. Also wagte es keiner der 38 (!) anwesenden Aristokraten, die Königin aus ihrer misslichen Lage zu befreien. Endlich nahm sich ein ritterlicher Herr, der gar nicht zum Hofstaat gehörte, ein Herz, und löste den Fuß der Königin aus dem Bügel. Nicht Dank, sondern Undank war die Folge: Der Kavalier wurde mit lebenslanger Verbannung aus Spanien bestraft.

Das Hofzeremoniell war eine Wissenschaft für sich, seine Sprache nur für Eingeweihte zu verstehen. Vorbedingung für Karrieren aller Art war es, zunächst die majestätischen Riten zu verinnerlichen, die bei vermeintlich so banalen Dingen wie dem Händewaschen erst begannen:

»Nach Betreten des Speiseraumes hielt der Copero dem Kaiser die Waschbecken zum Händewaschen hin. Der Panetier nahm die Serviette von der Schulter und gab sie dem Mayordomo Semanero, der sie an den Mayordomo Mayor weitergab. War dieser nicht anwesend, erhielt sie der Ranghöchste im Raum. Mit dieser Serviette trocknete sich der Kaiser die Hände. Auf dem gleichen Weg kam die Serviette wieder zum Panetier zurück, der sie über seine Schulter legte. Während des Händewaschens nahm der Trinchante die Deckel von den Schüsseln und zeigte dem Kaiser die einzelnen Gerichte, damit dieser durch ein Zeichen zu verstehen gäbe, von welchen er essen wolle.«

Der spanische König speiste üblicherweise »allein«. Das heißt, rund zwanzig Adelige und deren Bedienstete reichten knieend Speisen und Getränke dar, die zuvor verkostet worden waren, um einen Giftanschlag zu verhindern. Gesprochen wurde kein Wort. Die Königin nahm ihr Essen separat ein. Insgesamt also recht gemütlich. Der König war eben Stellvertreter des Allmächtigen, und alles wies darauf hin, wo die Macht zu Hause war. Symbolisiert durch einen glanzvollen Palast, prunkvolle Roben, kostbaren Schmuck – jede Handlung des Monarchen war gleich ein Staatsakt. So war es in Spanien, und genau diese spanische Kultordnung war Vorbild für das Wiener Hofzeremoniell, in dessen Mittelpunkt auch Kaiser Franz Josef stand. Der verdankte es seinen Vorfahren Maria Theresia und Joseph II., dass man in Wien die strenge Etikette schon etwas verösterreichert hatte.

Joseph II. hatte ja durchaus volksnahere Vorstellungen von der Regentschaft eines Monarchen, womit er die Adelsgesellschaft des öfteren irritierte: Per Dekret öffnete er beispielsweise den Burggarten in Wien – der bis dahin nur der kaiserlichen Familie und dem Hofadel zugänglich gewesen war – für die Allgemeinheit. Wenige Tage später erschien eine ebenso große wie aufgeregte Deputation der Aristokratie beim Monarchen. Die Herren versuchten den Kaiser dazu zu bewegen, die eben ausgesprochene Zusage wieder rückgängig zu machen. Auf die Frage Josephs, warum denn dies geschehen solle, antworteten die Magnaten gleichlautend: »Aber bitte, Majestät, man will doch gelegentlich unter seinesgleichen bleiben.« Darauf erwiderte der Kaiser sarkastisch: »Meine Herren, wenn ich immer unter meinesgleichen bleiben wollte, dürfte ich ausschließlich in der Kapuzinergruft promenieren.«

Ein G'schichtl, gewiss, aber die Anekdote illustriert treffend das grundsätzliche Problem eines absolutistischen Herrscherhauses. In der Rangordnung – und die ist alles, was zählt– stehen einfach alle unter dem Chef, weil's den nur einmal geben kann. Ebenbürtige Häupter sind höchstens in König- oder gar Kaiserreichen weit, weit weg zu finden – zu Hause ist man mit sich allein.

Zur Sicherung des Herrschaftsanspruches bemühte sich das Haus Habsburg trotzdem immer wieder, den familiären Stammbaum anderen Geschlechtern gegenüber repräsentativ darstellen zu können. Kaiser Maximilian I. etwa – er regierte von 1493 bis 1519 – hatte ein besonderes Faible für Ahnenforschung. Eines Tages traf er auf einen Scharlatan, der behauptete, die Geschichte des Geschlechts zurück bis in die biblischen Tage der Arche Noah aufzeichnen zu können. Wochen- und monatelang wurden die Generationen der Habsburger – deren es damals noch nicht viele gab – zurückverfolgt, bis ein hoher Hofbeamter sich schließlich ein Herz nahm und den Kaiser aufklärte. Er beschränkte sich auf die Wahrheit und erklärte dem Monarchen Folgendes: »Majestät, diese Nachforschungen erscheinen mir weder nützlich noch anständig. Ich verehre meine Majestät wie einen irdischen Gott. Aber wenn wir bis auf die Arche Noah zurückgehen, so werden Majestät feststellen, dass Majestät auch mit mir verwandt sind. Und das ginge entschieden zu weit.«

Nicht auszudenken übrigens und geradezu ein Schock für alle Herrschenden, wenn man noch weiter zurückgegangen wäre. Irgendwann wären die kaiserlichen Ahnenforscher unweigerlich bei jenen Geschöpfen gelandet, mit denen wir 99 Prozent unseres Erbgutes teilen – bei den Schimpansen nämlich. Wie kommen wir jetzt auf den Affen, na ja, weiter im Text.

Ein Kaiser allein ergibt jedenfalls noch keinen glamourösen Hofstaat, in dem sich die mächtigsten und vornehmsten Menschen des Landes tummeln. Für sie musste also noch ein Auswahlkriterium her. Die Entscheidung, wer »hoffähig« war, ging keineswegs auf ein Bauchgefühl des Kaisers oder seiner Verwalter zurück. Darüber urteilten der Obersthofkämmerer und eine eigene Abteilung, die Ahnenprobeneximinatoren, nach klaren Regeln. Wer sich das Adjektiv verdienen wollte, musste acht Ahnen mütterlicher- und väterlicherseits vorweisen können, die von hochadeliger Abstammung waren und selbst wiederum keinerlei schwarze Flecken in ihrer Ahnengalerie hatten.

Auch heute noch fördert die richtige Ahnengalerie die Hoffähigkeit an den Höfen des roten und schwarzen Politadels, wenn auch zugegeben profaner, in stark gemilderter Form und mit deutlich besseren Chancen für Quereinsteiger. Wenn bei einem Roten schon der Großvater in einer Bezirkssektion agitierte oder bei einem Schwarzen ein Onkel im Bauernbund diente, eröffnet das viele Zugänge. Es gibt immer einen, der sich noch erinnert, »ach ja, der Peppi«, und schon legt er dem Nachfahren den Arm um die Schulter und der gehört dazu.

Damals bildeten die Spitze der Habsburgermonarchie rund 400 Familien, die dem innersten Kreis rund um Franz Josef und

Sisi angehörten. Einige von Ihnen trugen Namen, die bis heute nachklingen – die Arenbergs, Fürstenbergs, Schwarzenbergs, Salms, Lobkowitzer, Dietrichsteins, Auerspergs, Thurn und Taxis. Und für sie alle galt neben dem Privileg des Zutritts zu Hofe auch eine »Ehrenpflicht«: Fehlte ein hoher Würdenträger mehrmals bei den Events des Kaisers, wurde forsch nachgefragt, was denn der Grund der Absenz sei. Die Anwesenheit galt als »Dienst am Kaiser«, private Verfehlungen oder gar kriminelle Machenschaften wurden mit dem Entzug der »Hoffähigkeit« bestraft.

Oben genannte Familien zählten zur Crème de la Crème des europäischen Hochadels, als noch was »Besseres« konnte man nicht geboren sein, außer als König oder Kaiser. Die berühmte Familie Liechtenstein stand als regierendes Fürstengeschlecht noch ein bisserl über dem alten Adel und ist heute noch eines der wenigen souveränen Häuser, die das Staatsoberhaupt stellen. Hier eine kleine Liste von Ländern und ihren Ursprungsgeschlechtern:

- Belgien: Wettiner
- Dänemark: Schleswig-Holstein-Sonderburg-Glücksburg
- Großbritannien und Nordirland: Sachsen-Coburg und Gotha (Wettiner)
- Luxemburg: Nassau
- Niederlande: Oranien-Nassau
- Monaco: Grimaldi
- Norwegen: Schleswig-Holstein-Sonderburg-Glücksburg
- Schweden: Bernadotte
- Spanien: Kapetinger

Namen, die für uns schon auch vornehm klingen, wie Croy, Esterhazy, Hohenlohe, Schönburg, Waldburg, Trautmannsdorff oder Windisch-Graetz landeten damals in der absoluten Hierarchie bereits an zweiter Stelle, denn es kam darauf an, ob der Titel »reichsunmittelbar« war, also mit einer Herrschaft innerhalb des Heiligen Römischen Reiches verbunden, oder nicht. Die Gruppe »oder nicht« wurde dann noch danach unterteilt, in welchen Ländern eine Familie welchen Titel trug. Eine eigene Wissenschaft also.

Fürst Schwarzenberg sagte man nach, dass er sich einmal im Zorn zu der Aussage hinreißen ließ, die Schwarzenbergs seien schließlich viel älter als die Habsburger. Das wurde daraufhin in den Zeitungen diskutiert und dementiert – deshalb aber nur umso mehr geglaubt. Von Kaiser Franz Josef erzählt man sich, dass er diese Aussage Schwarzenbergs in seinem engsten Umfeld eher trocken kommentierte. Und zwar mit dem eindeutig wahren Satz: »Mögen sie älter sein, aber wir haben es weiter gebracht.«

Wenn Sie irgendwann einmal in Verlegenheit kommen sollten, einem Monarchen gegenüberzutreten und die Erlaubnis zu sprechen zu bekommen, hier eine kleine Hilfestellung für die korrekte Anrede: Zum Kaiser und zur Kaiserin sagen Sie »(Kaiserliche) Majestät«. Zum König und zur Königin: »(Königliche) Majestät«. Einen Erzherzog und eine Erzherzogin sprechen Sie bitte mit »Kaiserliche und Königliche Hoheit« (früher: »Durchlauchtigste(r)«) an. Zum Großherzog und zur Großherzogin sagen Sie bitte: »Königliche Hoheit«, beziehungsweise »Allerdurchlauchtigste(r)«. Zum Kurfürsten und zur Kurfürstin: »Königliche Hoheit« (früher: »Durchlauchtigste(r)«). Zum

Herzog und zur Herzogin: »(Königliche) Hoheit« oder »Durchlaucht«. Zum Landgrafen und zur Landgräfin: »(Königliche) Hoheit« oder »Durchlaucht«. Zum Pfalzgrafen und zur Pfalzgräfin: »Hoheit« oder »Durchlaucht«. Zum Markgrafen und zur Markgräfin: »Hoheit«, »Durchlaucht« oder »Erlaucht«. Zum Fürsten und zur Fürstin: »Hoheit«, »Hochfürstliche Durchlaucht« oder »Durchlaucht«. Zum Graf und zur Gräfin: »Erlaucht« oder »Hochgeboren«. Zum Freiherrn und zur Freifrau: »Hochgeboren« oder »Hochwohlgeboren«. Zum Baron und zur Baronin: »Hochgeboren« oder »Hochwohlgeboren«. Und schließlich zum Ritter, Edlen, Herrn von, Junker von beziehungsweise zur Edlen, Frau von, Junkfrau von: »Hochwohlgeboren«.

Wer diese – schon vereinfachte – Aufzählung gelesen hat, kann nachvollziehen, dass das strenge Zeremoniell am Hof oft seltsame sprachliche Blüten trieb. So hieß es einmal in einem Hofbericht mit vollendeter Formulierungskunst: »Die Allerhöchsten, höchsten, hohen Herrschaften sowie die übrigen Gäste begaben Allerhöchst-, höchst-, hochsich und sich in den Zeremoniensaal.«

Zwischen der Hocharistokratie und dem gemeinen Volk war immer noch viel Platz. In der »Zweiten Gesellschaft« tummelten sich die so genannten Nobilitierten. Es waren geadelte Wirtschaftstreibende, Beamte, Künstler, Offiziere und Angehörige der freien Berufe, die sich trotz ihrer gesellschaftlichen Privilegierung meist weiter bürgerlich gebärdeten: Sie bildeten ab dem 18., vor allem aber ab Mitte des 19. Jahrhunderts die Elite des aufsteigenden, teilweise liberalen Bürgertums.

Grundsätzlich legte der Kaiser peinlich genau darauf wert, dass Adelserhebungen den strengen Prinzipien und Voraussetzungen des Erzhauses entsprachen. Motto: Adel kann man nicht mit Geld kaufen, man muss ihn sich erarbeiten. Trotzdem nahmen gegen Ende der Regentschaft Kaiser Franz Josefs die Ernennungen von sogenannten Nobilitierten, den »Neuadeligen«, stark zu. So konnte, wer nicht von Geburt an adelig war, in hohen Hofpositionen nach 30 Jahren Dienstzeit geadelt werden. In der zweiten Hälfte des 19. Jahrhunderts nahm schließlich auch die Zahl der »Wirtschaftsbarone« zu, die sich auf Grund ihrer Verdienste um die Monarchie einen Titel erhofften. Fabrikanten, Bankiers und potente Geschäftsleute suchten um Adelsernennungen an, zum Zug kamen jedoch nur jene, die sich als Mäzene oder Wohltäter gegenüber dem Kaiserhaus hervortaten.

Des Kaisers Statthalter, Erich Graf Kielmansegg, organisierte derartig viele solcher »Geldadelsernennungen«, dass sich Seine Majestät zuletzt sogar darüber erheitern konnte. Etwa, als es um die geplante Ernennung eines Bauunternehmers ging, den man dem Kaiser als »adelsfähig« verkaufen musste. Ein Zitat aus der »Enzyklopädie des Eisenbahnwesens«, das so eine Begebenheit schildert:

»Der Bauunternehmer hatte wohl bei Eisenbahnen viel verdient, Verdienste aber wenig. Damals aber handelte es sich gerade zufällig um eine wenig Rentabilität versprechende Lokalbahn, deren Bau eine gewisse politische Bedeutung angenommen hatte. Der Leiter des Handelsministeriums, Ritter von Wittek, brauchte eine Zeichnung von Stammaktien dieser Bahn im Betrage von einer halben Million Kronen, um den Bau beginnen lassen zu können und wollte diese gern dem Adelslüsternen herausquetschen. Dies berichtete ich getreulich dem Kaiser, und er resolvierte: ›Wittek soll nur quetschen!‹ Die Quetschung gelang, ein Adelsdiplom war der Lohn; ›von Bahnquetsch‹ wäre ein so hübsches ›Prädikat‹ gewesen!«

Dass Adel nicht gleich Adel war, beschrieb ein Außenstehender, der preußische General Kraft zu Hohenlohe-Ingelfingen, treffend in seinen Memoiren: »Dass die Wiener höchste Aristokratie sehr abgeschlossen war, erwähnte ich bereits. Wollten doch Schönburgs, Schwarzenbergs, Liechtensteins usw. den Minister Bach nicht bei sich empfangen. Da nun aber eine Anzahl Familien ... sich bis in die leitenden Kreise hinaufgearbeitet hatten, und der Verkehr mit ihnen nicht zu vermeiden war, auch in Wien mehr geadelte Bankierfamilien lebten als in anderen Hauptstädten, die durch ein enormes Vermögen auch Einfluss hatten, so konnte man nicht umhin, auch diese Kreise zur ersten Gesellschaft zu rechnen, die sich aber danach in zwei Kategorien teilte. Diese beiden Kategorien verkehrten miteinander so weit, dass die Herren der ersten mit in die zweite gingen, die der zweiten in die erste hie und da eingeladen wurden. Niemals aber sah man eine Dame der ersten in der zweiten oder eine der zweiten in der ersten. Heiratete ein Herr aus der ersten eine Dame der zweiten, so fand seine Familie nicht Zutritt in der ersten. Am kaiserlichen Hofe soll ... bei den großen Hofbällen auch die zweite Kategorie geladen worden sein. Zu den kleineren sogenannten Kammerbällen hatte sie keinen Zutritt. Diese zwei Klassen in der ersten Gesellschaft waren gewiss eine nur Wien angehörige Erscheinung«.

Wollte der Kaiser eine Person auszeichnen, die nicht das Glück gehabt hatte, in den noblen Stand hineingeboren worden zu sein, aber der majestätischen Meinung nach große Verdienste errungen hatte, machte er sie zum »Geheimen Rat«. Als solcher hatte jener ebenfalls jederzeit Zutritt zum Monarchen und bekam einen Ehrenplatz im kaiserlichen Gefolge – eine Würde, die beispielsweise Ministerpräsidenten und Ministern zuteil wurde.

Der Kaiserliche Hof wurde zu Franz Josefs Zeiten so zentralistisch organisiert wie nie zuvor. Es gab im Prinzip nur zwei Menschen, die potenzielle Ränke des Hofstaates einigermaßen im Griff hatten. Der eine war ER, Seine Majestät höchst selbst, und der andere war der andere ER, engster Vertrauter und Stellvertreter Seiner Majestät – der Obersthofmeister, dessen Befehl so gut wie alles unterstand. Er hatte als Einziger das Privileg, den Kaiser bei offiziellen Anlässen vertreten zu dürfen. Damit sich also in der höchst sensiblen Hierarchie des Hofes niemand auf den Schlips getreten fühlen konnte, musste der »Vize-Kaiser« von so hoher Abstammung sein, dass sein Status den der anderen weit übertraf.

Am Beginn jedes Jahres stand der Neujahrsempfang, an dem alle Aristokraten, Diplomaten und staatlichen Würdenträger dem Kaiser ihre Glückwünsche überbrachten, wobei Franz Josef nur die Neujahrswünsche der ranghöchsten Besucher persönlich entgegennahm. Alle anderen trafen nur auf den Obersthofmeister.

Das ruft natürlich sofort Assoziationen an das silberne Double von Philipp II. hervor, der Obersthofmeister aber war ein äußerst lebendiger Mensch. Übrigens, wenn wir gerade beim Grüßen von Symbolen sind: Darum geht's ja auch in einem berühmten Historien-Drama: In der Tell-Legende lässt der habsburgische – das kann doch kein Zufall sein? – Landvogt Gessler zu Altdorf einen Hut auf eine Stange stecken und befiehlt den schweizerischen Untertanen, diesen jedes Mal zu grüßen, wenn sie an ihm vorübergehen. Der Armbrustschütze Wilhelm Tell verweigert diesen absurden Gruß, worauf ihm der Vogt befiehlt, einen Apfel vom Kopf seines Sohnes Walter zu schießen. Was Tell zunächst widerstrebend tut, um sich hinterher mit einem Tyrannenmord ordentlich zu rächen. Pech für Gessler, was musste er auch »durch diese hohle Gasse« kommen ...

So weit, so blutig. Wir kehren wieder zum Wiener Hof zurück, und zwar zum Neujahrsempfang. Bei den Damen verlief die Festivität genau wie bei den Herren. Die Kaiserin empfing nur die bedeutendsten Besucherinnen, der Rest machte der Obersthofmeisterin die Aufwartung.

Größter weltlicher Event bei Hofe war der Hofball Ende Jänner, zu dem rund zweitausend Gäste geladen waren. Exklusiver war der Ball bei Hofe, zu dem lediglich siebenhundert Besucher zugelassen waren, die an diesem Abend sogar in den Genuss eines Soupers mit der kaiserlichen Familie kamen. Beide Ereignisse waren auf die Minute durchgeplant und von Anfang bis zum Ende so organisiert, dass die räumliche Distanz zum Kaiserpaar stets der adeligen Rangfolge des jeweiligen Gastes entsprach. Geregelt war das Ganze etwa durch unterschiedliche Farben der Einladungen und dazu passende Platzkarten.

Das strenge Reglement wurde mit Liebe zum Detail durchexerziert, und alles hatte Bedeutung. Wenn sich die hohen Herrschaften etwa vom offiziellen Teil der Veranstaltung zurückzogen, wurden ihre Sitzplätze mit Kärtchen markiert: weiße für den Tisch der Kaiserin, an dem nur Fürstinnen und Botschafterinnen Platz nehmen durften; blaue und rosa Kärtchen wiesen darauf hin, dass hier ranghohe Erzherzoginnen den Vorsitz hatten. Eine farbliche Einteilung, die sich auch zunehmend bei modernen Events wiederfindet, die damit immer weniger das Eldorado der egalitären Gesellschaft sind, das sie in den 80er- und 90er-Jahren noch waren.

Bei den Events unserer Zeit bilden sich die alten monarchistischen Standesstrukturen in Form eines neuen Kastensystems wieder heraus. Die Unterscheidung zwischen »Fußvolk«, »VIPS«, beziehungsweise »ABCDE-Promis« wird heute durch die Ausstattung der Gäste mit verschiedenfarbigen Armbändern und den damit verbundenen mehr oder weniger eingeschränkten Zutrittsberechtigungen markiert.

Der Society-Adel definiert sich durch Zutritt zur VIP-Zone oder gar durch einen umgehängten Backstage-Pass, der Freibrief für uneingeschränkte Bewegung innerhalb des »Hofes« der modernen Festivalgesellschaft heißt »Access all Areas«. Medienmenschen haben für die Erlangung dieses Status im allgemeinen auch ganz gute Karten.

Auch das Zeremoniell bei Staatsbanketten hat sich zumindest strukturell seit der Monarchie kaum verändert. Immer noch gilt das seit Maria Theresia gepflogene, eherne Gesetz, dass alle Staatsgäste an einer einzigen Tafel sitzen müssen. Seinerzeit wie heute bietet die Hofburg mit ihren langen Fluchten und Zeremoniensälen die ideale Kulisse, um bis zu 160 Gäste an einer einzigen Tafel zu verköstigen. Bei Empfängen im Weißen Haus oder auch im Schloss Bellevue, dem Amtssitz des Deutschen Bundespräsidenten, müssen aus Platzgründen Rundtische aufgestellt werden, die das diplomatische Gemeinschaftsgefühl eines Empfanges natürlich beträchtlich stören.

Und auch die Sitzordnung der geladenen Gäste orientiert sich viele Generationen später immer noch an den Rangordnungen der Imperial-Epoche: Neben dem Kaiserpaar saßen die höchsten Mitglieder der imperialen Familie, nach Geschlechtern immer durchmischt mit dem »Gegenüber« der geladenen Gäste. Der Obersthofmeister und die Minister folgten danach, je nach Adelsrang und politischer Bedeutung wurde die Tischlinie besetzt. Dementsprechend bildet heute der Bundespräsident mit seiner Gattin und dem Gästeehepaar das Zentrum der Tafel, gefolgt von Kanzler, Vizekanzler, dem Präsidenten des Nationalrates, den Ministern, Landeshauptleuten und Staatssekretären, je nach Dauer der Zugehörigkeit zur Regierung.

Die Kulinarik ist freilich nicht mehr ganz so üppig: Waren bei Hofdiners der Habsburger bis zu 12 Speisengänge vorgesehen, so müssen Staatsgäste heute manches Mal mit schnöden vier Gängen das Auskommen finden. Auch bedienten in der Monarchie vier Kellner jeweils einen Gast, heute ist in der Hofburg der Schlüssel genau umgekehrt: Ein Kellner ist für vier Gäste zuständig.

Beim Mobiliar hingegen hat die Zeit kaum Spuren hinterlassen: Aus Mangel an meterlangen Tischen baut man heute ganz wie einst sogenannte »Kraxn« auf: Böcke, auf die Platten gelegt werden, über die man dann die Damasttischtücher legte. Nach wie vor gilt in der Hofburg anno 2010: die kunstvoll gefalteten Servietten bergen das letzte zeremonielle Staatsgeheimnis in sich. Wie die einen Quadratmeter großen Tücher zu blumigen Gebilden geformt werden, wird immer noch von einer Generation der Bediensteten in der Wäschekammer zur nächsten mündlich weitergegeben.

Wenn Kaiser Franz Josef keine Zeit verlieren wollte, ließ er sich das Mittagessen auf seinen Schreibtisch servieren. Er aß meistens Suppe, Rindfleisch oder Geflügel und trank ein Glas Bier dazu. Bei Familienessen ging es schon recht festlich zu, und bei großen Diners in Schönbrunn wurde vieles aufgefahren, was Hofküche und Silberkammer zu bieten hatten. Die größte Live-Show aber waren die öffentlichen Galatafeln zu besonderen Anlässen, bei denen der Kaiser mit der Familie und Super-VIPs speiste und alle anderen Gäste lediglich zuschauen durften, wie ein Gemälde von Martin van Meytens im Zeremoniensaal von Schloss Schönbrunn eindrucksvoll zeigt. Es stellt die Hoftafel im Redoutensaal bei der Hochzeit von Joseph II. mit Isabella von Bourbon-Parma dar.

Prominenten beim Essen zuschauen, das gibt es heute noch genauso: Die Adabeis und Seitenblicker unserer Nation leben davon. Mit einem hartnäckigen Gerücht möchte ich an dieser Stelle aber aufräumen: Es heißt ja, Kaiser Franz Josef hätte so schnell gegessen, dass seine Gäste immer zu kurz gekommen seien. Denn es galt die Regel, dass ein Gang abserviert werden musste, sobald der Kaiser sein Besteck auf den Teller legte. Nach einem kaiserlichen Mittagessen, so die althergebrachte Behauptung, seien des Kaisers Gäste im Hotel Sacher eingefallen, um ihren knurrenden Magen zu besänftigen.

Dass das falsch ist, belegt ein Zitat von General Mendl-Burghardt: »Man hat oftmals gehört, daß man sich bei einer Hoftafel nicht sattessen könne, weil ein Gang den anderen jage. Dem muß ich nun entschieden widersprechen; denn es blieb genügend Zeit, von der Fülle des Gebotenen reichlich zu genießen.«

Das luxuriöseste Gedeck, das berühmte »Grand Vermeil«-Service, das in der Silberkammer der Wiener Hofburg zu bestaunen ist, umfasst übrigens etwa 4500 Einzelteile mit einem Gesamtgewicht von mehr als einer Tonne. Das kaiserliche Hofgeschirr wurde bis zum Jahr 2000 bei Staatsbanketten verwendet und wurde dem Vernehmen nach nur deswegen größtenteils ersetzt, weil es schon zu abgenutzt war. Einige Stücke hingegen finden immer noch Verwendung – das heißt realiter: Ein republikanischer Teller mit Bundesadler liegt auf dem alten Platzteller mit Doppeladler …

Ebenso noch heute genutzt werden zahlreiche Objekte aus der Silberkammer, die zur nostalgisch angehauchten Dekoration bei offiziellen Empfängen des Bundespräsidenten verwendet werden, wie auch verschiedene Möbel aus der guten alten Zeit. 250 Barocksessel lagern im Bundesmobiliendepot und werden bei Staatsbesuchen hervorgeholt.

Eines der lebendigsten Versatzstücke der monarchistischen Veranstaltungskultur ist der Wiener Opernball, der seit 1956 alljährlich in der Staatsoper stattfindet – mit einer einzigen Ausnahme: 1991 wurde das Event wegen des Golfkrieges abgesagt. Der Ball zeigt eindrücklich, wie sehr sich das bis zu Kaiser Franz Josef erhaltene Kastensystem aus hohen, mittleren und niedrigen Adeligen verselbstständigt hat und in neuem Kleid nach wie vor in der Republik anzutreffen ist. In der modernen Form des Opernballs ist die Hierarchie durch die Ticketpreise definiert. Nur der »Hochadel« der Republik kann sich eine prestigeträchtige Loge in den ersten Rängen leisten und hat damit auch die Chance, tatsächlich einen Platz an der Sonne – oder besser: im Kristalllusterschein zu erhaschen. Sofern er diese gesellschaftliche Anerkennung durch das Organisationsbüro auch erfährt, denn die begehrten Logen sind gleichsam in jahrzehntelanger Stammgast-Pacht erwählter Kreise, die seit einigen Jahren darüber hinaus auch zu den Donatoren der Oper zählen müssen. Wer finanziell weniger gut ausgestattet ist, kauft sich einen Tisch, das gemeine Volk gönnt sich höchstens eine simple Eintrittskarte um 230.- Euro (Preisbeispiel für den Opernball am 3. März 2011), um »heimatlos« bei 35 Grad Ausdünstungstemperatur das Geschehen per Operngucker hingebungsvoll zu verfolgen. So wird eine höfische Gesellschaft nachempfunden, und jeder weiß, was er auf Grund seines durch Geld oder Bekanntheitsgrad definierten Status kann oder darf. Der Wiener Opernball ist der Höhepunkt der Wiener Ballsaison, und so wiederholen sich jedes Jahr Diskussionen zur lieb gewonnenen Institution. Wer wird im Jungdamen- und Herrenkomitee den Ball eröffnen, welche Tanzschule wird mit der Choreographie betraut (nachdem die Tanzschule Elmayer 2008 dieses Privileg verlor), wie ist das Design der Debütantinnen-Krönchen, etcetera … Absolutes Lieblingsthema der Klatschbewegten ist die Gästeliste, die seit den 1990er-Jahren durch Baumeister Richard »Mörtel« Lugner, beziehungsweise durch dessen – zum Zweck der PR für sein Einkaufszentrum – »gekauften« Star-Gast bereichert wird.

Waren in den Jahren davor auf Einladung noch so manche gekrönten Häupter, Regierungschefs, Präsidenten und internationale Showbiz-Größen wie Richard Burton und Curd Jürgens anwesend, so präsentiert Richard Lugner jetzt eine kunterbunte Gästeschar, die – vor allem in letzter Zeit – als Downgrading und opernballunwürdig bezeichnet wird.

Einfach zum Nachlesen: 1992 Harry Belafonte, 1993 Joan Collins, 1994 Ivana Trump, 1995 Sophia Loren, 1996 Grace Jones, 1997 Sarah Herzogin von York Ferguson, 1998 Raquel Welch, 1999 Faye Dunaway, 2000 Jacqueline Bisset und Nadja Abd el Farrag, 2001 Farrah Fawcett, 2002 Claudia Cardinale, 2003 Pamela Anderson, 2004 Andie MacDowell, 2005 Geri Halliwell, 2006 Carmen Electra, 2007 Paris Hilton, 2008 Dita Von Teese, 2009 Nicollette Sheridan und 2010 Dieter Bohlen, der in letzter Minute für Lindsay Lohan einsprang.

Die Habsburger taten sich bei der Auswahl ihrer Ballgäste da noch wesentlich leichter: Der Hof verfügte einfach eine klare Standestrennung und veranstaltete einen »Ball bei Hof« und einen »Hofball«, die damals beide noch in der Hofburg über die Bühne gingen. Mit einem bedeutenden Unterschied: Der »Ball bei Hof« galt als intimes und hochelitäres Event, zu dem nur die Aristokratie und diplomatische Würdenträger eingeladen waren. Den »Hofball«, später auch »Hofopernball« genannt, durften alle »hoffähigen« Personen besuchen: die gesamte Hofgesellschaft, das diplomatische Corps, hohe Vertreter der k. u. k. Armee und ihre Angehörigen. So gesehen handelte es sich um eine »Massenveranstaltung«, während am »Ball bei Hof« wie gesagt kaum mehr als 700 Höchstprivilegierte teilnahmen.

Diesen »kleinen« Ball, der natürlich in Wirklichkeit der größere war, gibt es noch immer, wenn auch mit genau umgekehrten Vorzeichen. Schon seit vielen Jahren findet im Wiener Rathaus parallel zum »Opernball« dessen sozialdemokratische Variante, der »Kleine Wiener Opernball« statt, zu dem der Bürgermeister zu moderaten Preisen zum Tanz lädt. Hier versammelt sich die »erweiterte« Wiener Gesellschaft, neben mittlerer Prominenz schwingen oft Seniorinnen und Senioren das Tanzbein. Und für Etikette-Muffel wurde der »Rosenball« erfunden, der sich auf seiner Homepage einerseits ein wenig anarchistisch »als charmante Persiflage der österreichischen Ballkultur« versteht, in »einer verspielten, koketten Art und witzigen Weise« aber andererseits auf »beliebt Traditionelles wie zum Beispiel eine Eröffnungspolonaise« nicht verzichten möchte. Intensiv-Gesellschaftstiger müssen also mittlerweile zur Sicherheit gleich alle Bälle besuchen, um nicht das Geringste zu verpassen. Für alle, die sich nicht zu den rund 12.000 auserwählten Besuchern des Opernballs zählen dürfen, berichtet der ORF live vom Ereignis – und das immerhin schon seit 1969.

Pointierte Kommentatoren sind seit Jahren Christoph Wagner-Trenkwitz und Karl Hohenlohe, dessen fürstliche Ahnenreihe ihn für diese Aufgabe zu prädestinieren scheint.

Anno dazumal wurde der Termin des Hofballs von Kaiserin Elisabeth persönlich für Ende Jänner eines Jahres festgelegt, Tage und Wochen davor wurde das monarchische Staatsevent bereits vorbereitet. So wie auch heutzutage richtete sich das Augenmerk der Bevölkerung auf die Ausstattung des Balles, für den Gärtner, Floristen, Hofküche und die Zeremonienmeister Sonderschichten schieben mussten.

Die Damen der adeligen Wiener Gesellschaft hatten jedoch nur einen Figaro, der ihre Haare für das Top-Event standesgemäß in Form bringen konnte. Monsieur Ardelliano, der begehrte Italiener in der Wiener Innenstadt, begann deshalb an diesem Tag schon um sieben Uhr morgens mit seiner Arbeit an den adeligen Häuptern. Immerhin galt es, hochaufwendige Steckfrisuren nach den Wünschen der Damen zu kreieren, man wollte ja schließlich in den Zeitungen des nächsten Tages als besondere Schönheit abgebildet werden.

Doch selbst beim Hairdressing gab es Standesunterschiede: Während die höchsten Damen der Monarchie einen späten Termin, kurz vor dem Beginn des Balles um 20.00 Uhr erhielten, mussten weniger ranghohe Frauen schon im Morgengrauen zum Salon pilgern, um sich ihre Mähnen in Form bringen zu lassen. Dem Besuch folgte ein rund zwölfstündiges Zittern um den Erhalt der Frisur, die bis zu 300 Gulden kostete. Zum Vergleich: Genau soviel verdiente ein Hofdiener übers ganze Jahr. Kaiserin Elisabeth legte selbst zwar wenig Wert auf gesellschaftliche Anerkennung und Etikette, dennoch war sie zumindest über die Popularität der Fürstin Pauline Metternich verärgert. Nach dem Ball der Industrie im Jahr 1885, bei dem beide Damen als Patronessen fungiert hatten, schrieb sie ein Spottgedicht über Paulines Visage und Schminke:

Doch ihren Mund mir auszumalen,
wo nehme ich die Farben her?
Zu Rosen, Kirschen, solch banalen
Vergleichen greif ich nimmermehr.
Ein solches Rot schmückt keine Blume,
und auch kein Obst nannt's jemals sein;
Nicht heut und nicht im Alterthume
Gabs einen zweiten solchen Schein.
Zwei Zoll breit sind die Wunderlippen,
mit diesem Purpur angetan…
Und glaubt ihr, dass ich übertrieben,
so geht und schaut sie selber an.

Heute wird – dank technischer Innovationen – über Silikonimplantate, Botox-Partyergebnisse und Schlauchboot-Lippen gelästert – es hat sich also wenig geändert.

Schon in der Monarchie rümpften Vertreter der hohen Gesellschaft ihre Nasen über alle Versuche, den »Hofopernball« zu kopieren und anderswo nachzuvollziehen. Prinz Hohenlohe, der 1881 am russischen Hofball teilgenommen hatte, beklagte danach die mangelnde Couture der weiblichen Gäste: »Ohje, ohje! Lauter garstige, schlecht angezogene und verrupfte Weiber, ohne jeden Charme, sehr wenig Schmuck…«, ließ er verlauten.

Gleiches gilt für die Exportversuche des Wiener Opernballs in der Gegenwart. Als Anfang der 2000er-Jahre ein gleichnamiges Event in New York ins Leben gerufen wurde, reagierten die österreichischen »Hofberichterstatter« mit abfälligen Bemerkungen: Kaum Prominenz, schlechtes Orchester, lächerliches Zeremoniell und zu wenig imperialer Rahmen waren noch die gütigsten Einwände der Society-Reporter. Gleiches gilt für den Opernball in Prag, Shanghai oder Dubai.

Unter Kaiser Franz Josef zeigte sich die ganze zeremonielle Perfektion auch bei der alljährlichen Fronleichnamsprozession, dem höchsten kirchlichen Fest, bei dem der Monarch öffentlich auftrat. Es war der wichtigste Pflichttermin des Jahres, dem die gesamte Hofgesellschaft nachkommen musste, ein Ereignis, das von den Wienern auch »Hofball Gottes« genannt wurde. Der Ansturm des Volkes war so groß, dass vom Hof sogar Besucherkarten für das »Public Viewing« ausgegeben werden mussten. Hier traten die Habsburger Potentaten, für alle Menschen sichtbar, in perfekt stringenter Rangordnung auf, es war eine Inszenierung der Sonderklasse.

Zuerst kam »Gott«: Drei Kleriker zogen an der Spitze des Zuges von der Hofburg durch die Wiener Innenstadt, dahinter hundert Hofbedienstete, gefolgt von zwanzig Geistlichen. In weiterer Folge defilierten die geheimen Räte, der Ministerpräsident und der kaiserliche Minister. Unter dem Baldachin trug der Hofburgpfarrer das Allerheiligste, dahinter schritt der Obersthofmeister und hinter ihm – endlich – der Kaiser. Als Zeichen der Demut gegenüber dem Göttlichen ging er ohne Kopfbedeckung, in Marschalls-Galauniform, behängt mit dem Goldenen Vlies. Dann erst folgten die Gardekapitäne und

Generaladjutanten. Und zuletzt die Kaiserin, die Erzherzoginnen und die Hofdamen. Was aussieht wie eine skurrile Facette unserer monarchistischen Vergangenheit, ist – wiederum in neuem Gewand – noch immer gelebte Gegenwart. Ähnlich pompös und vom Ziel der Identitätsstiftung getragen sind zum Beispiel die Aufmärsche der Sozialdemokraten am 1. Mai im roten Wien. Über Bundeskanzler Werner Faymanns ersten Auftritt bei diesem Anlass – er zog inmitten seiner Heimatsektion, der SPÖ-Liesing, auf dem Rathausplatz ein – schrieb »profil«: »Es lässt sich trefflich spotten über die Aufmärsche aus der Vorstadt, die verwitterten roten Fahnen mit drei Pfeilen, platte Parolen (›Ja zur Krankenkasse‹, ›Liebenswertes Brigittenau‹, ›Eat the Rich‹), originelle Teilorganisationen (›Red Biker‹), informative Moderatoren (›Simmering hat Venedig an Einwohnerzahl überholt‹) und den Wiener Bürgermeister, der die Parade mit ehrlicher Rührung beobachtet: ein großer anachronistischer Zirkus, der sich noch dazu hundertprozentig ernst nimmt.«

Bei solchen Gelegenheiten wird dann sogar die Winktechnik des roten Politadels analysiert: »Bürgermeister Michael Häupl winkt gern seitwärts scheibenwischermäßig aus Schulter und Ellbogen, AK-Präsident Herbert Tumpel aus dem Handgelenk wie eine in der Heimat zurückbleibende Soldatenbraut am Bahnsteig. ÖGB-Chef Erich Foglar, harter Metaller, lässt das rote Tuch kreisen wie ein Rapid-Ultra den Fanschal.«

Die Sozialdemokraten sind nicht die einzigen, deren Feste noch an monarchistische Gewohnheiten erinnern. Wenn der Bauernbund der ÖVP alljährlich im Herbst auf dem Heldenplatz ein trachtiges Erntedankfest feiert, ist das nichts anderes. Und Fronleichnam ist auch noch immer ein Großevent, auch wenn

Gott jetzt ohne Kaiser auskommt: Der Erzbischof wandelt bei seiner Fronleichnams-Prozession heute noch mit allem Pomp durch die Innenstadt.

Für Veranstaltungen jeder Art wird auch in Krisenzeiten noch gerne und tief in die Staats- und Parteikassen gegriffen. Eine einzige Rede, die Werner Faymann am 2. Dezember 2009 in der Hofburg hielt, kostete laut Beantwortung einer parlamentarischen Anfrage der Grünen schlanke 120.000 Euro. Billig war dabei nur die Visagistin, die 150 Euro bekam. Alleine die Einladungskarten für die 1600 geladenen Gäste schlugen mit 5900 Euro zu Buche. Saalmiete und Saalausstattung inklusive Technik, Bestuhlung und Blumenschmuck machten mehr als 60.000 Euro aus. Dazu kamen noch 20.000 Euro für Videotechnik und Livestream. Weitere 30.000 Euro gingen für Snacks und Getränke drauf. Das alles exklusive Mehrwertsteuer. Vizekanzler Josef Pröll spricht da schon etwas billiger. Während Faymann auf 75 Euro pro Zuhörer kam, sprach Pröll bei einem vergleichbaren Termin für 63.

Ich erwähne dies hier nur deshalb, weil die regierenden Parteien in Österreich gerade über das Transfer-Konto diskutieren, das bei Erscheinen dieser Zeilen vielleicht schon beschlossen sein wird. Es geht dabei darum, dem Staatsbürger vor Augen zu führen, wie viel er den Sozialstaat jährlich kostet, auf dass solchermaßen ein »Bewusstsein« entstehe. Ich finde das insofern eine fesche Idee, als es im Umkehrschluss ja nur bedeuten kann, dass wir dann auch ohne im Nachhinein veröffentlichte parlamentarische Anfrage erfahren werden, wie viel sich unsere p. t. Volksvertreter denn so an Steuergeldern genehmigen – Und zwar nicht, weil sie krank sind und auf Kur müssen, sondern weil sie einfach gern ein besseres Image hätten. Aber ich schweife wieder einmal ab …

Signifikant sind auch die Parallelen der Kaiserzeit zur Gegenwart beim Umgang der Medien mit staatstragenden Events: Die ersten Bilddokumente vom zeremoniellen Pomp des Kaiserhofes entstanden, weil Hausbesitzer entlang des Fronleichnamszuges ihre Fenster und Balkone entgeltlich den Fotografen der Presse zur Verfügung stellten. Beim Leichenzug zum Begräbnis der letzten Kaiserin Zita von Bourbon Parma im Jahr 1989 »vermieteten« wieder viele Wiener entlang des Kondukts ihre »Viewing Points« an die Fotografen und Kameraleute.

Er sei an dieser Stelle nur kurz daran erinnert, dass man hierzulande für »a scheene Leich«, also ein festliches Begräbnis, seit jeher viel übrig hat. Der »Pompe funèbre« war sogar namensgebend für die umgangssprachliche Bezeichnung der Bestatter, die »Pompfüneberer« genannt werden.

Regeln oder zumindest klar definierte Usancen gab es damals wie heute auch bei körperlichen Berührungen im Kontext der öffentlichen Kommunikation, vom Handschlag bis zum Handauflegen. Die Differenz zwischen offiziellen Moralansprüchen beziehungsweise tradiertem Zeremoniell und der gelebten Praxis nennt sich Verlogenheit. Zu Zeiten der Monarchie durften die jeweiligen Regentenpaare ihre Ehepartner beispielsweise bis weit ins 19. Jahrhundert hinein nicht nackt sehen. Ein kleines »Schlupfloch« war jedoch gestattet, schließlich musste ja der »Vollzug« gewährleistet werden, schon aus dynastischen Gründen – und oft auch einzig deshalb. Und so waren die üppigen Nachthemden in der Höhe des Schoßes mit einem aufknöpfbaren Schlitz versehen. Und dann war da ja noch das schier unerschöpfliche Kapitel des freudvollen Beiwohnens, also der »Affären«. Ein Beispiel: Bereits kurz nach seiner Eheschließung war Kronprinz Rudolf schon wieder auf der Jagd nach Frauen, die ihrerseits mit großer Freude seine Bekanntschaft suchten. Ab 1886 war der Kronprinz mit seiner »Lebensabschnittspartnerin«, der Nobelprostituierten Mizzi Caspar unterwegs. Plötzlich konnte sich die Frau ein Haus in der Wiener Heumühlgasse leisten, Rudolf selbst, so ist es überliefert, engagierte für die gemeinsamen Ausflüge zum Heurigen und aufs Land den beliebten Sänger und Kunstpfeifer Josef Bratfisch als persönlichen Kutscher.

Ehefrau Stephanie von Belgien waren die amourösen Neigungen ihres Mannes natürlich kein Geheimnis, immerhin pfiffen die Spatzen vom Dach, dass der Kronprinz in Mizzi Caspar seine Liebe gefunden hätte. Gelegentlich rächte sich Stephanie in absolut einfallsreicher Weise an ihrem umtriebigen Mann. Als Rudolf eines Tages auf ein Schäferstündchen zu Mizzi Caspar in die Heumühlgasse gefahren war, war Stephanie mit der Hofkutsche hinterher gekommen. Vor dem Haus des Liebespaares ließ sie Rudolfs unauffällige Droschke abfahren und parkte den Wagen mit dem Wappen der Habsburger vor dem Eingang. So stand die imperiale Kutsche vor dem Haus der stadtbekannten Prostituierten und die schaulustigen Wiener liefen zusammen, um zu sehen, wer denn da wohl einsteigen würde. Wenig später öffnete sich das Tor und der ziemlich verdutzte Rudolf wurde von einer jubelnden Menge empfangen. Tags darauf fand sich die Geschichte in den Spalten der Klatschpresse, die den Geschichten und Affären der Adeligen schon damals allerhand Aufmerksamkeit schenkte.

Eine kleine, feine Geschichte. Von den rigiden Verboten außerehelicher Aufnahme von Körperkontakt ausgenommen war jedenfalls eine spezielle Berufsgruppe. Über den Zahnarzt von Kaiserin Elisabeth, einen Chirurgen und Professor der Zahnheilkunde an der Wiener Universität namens Adolf Zsigmondy, ist Folgendes überliefert: Als er das erste Mal in die Hofburg berufen wurde, erbat er sich nach der Behandlung »a Lavoir, a Saf und was zum Abtrocknen.« Ein Türsteher brachte Waschbecken und Seife, doch das Handtuch fehlte, sodass Zsigmondy bat: »Was zum Abwischen!« Die Kaiserin borgte ihm ihr Taschentuch, und als der Professor das nächste Mal in die Hofburg kam, erwarteten ihn Waschbecken samt Seife und Handtuch schon bei der Begrüßung, und die Kaiserin meinte: »Lieber Professor, diesmal waschen Sie sich bitte schon die Hände, bevor Sie mir in den Mund fahren.«

Obwohl sich seit damals gesellschaftliche Umgangsformen maßgeblich geändert haben, sorgte erst 2009 eine unzulässige körperliche Berührung in erlauchten Kreisen für internationale Aufmerksamkeit. Michelle Obama verstieß gegen eine eherne Regel, als sie bei einem Empfang überraschend den linken Arm um die Schulter der britischen Königin legte, obwohl Körperkontakte über das Händeschütteln hinaus bei Begegnungen mit der Queen verpönt sind.

Die 82-jährige Elizabeth II. soll kurz zusammengezuckt sein, dann aber ihrerseits den Arm um Michelle Obama gelegt und entspannt weiter geplaudert haben. Ein Palast-Sprecher sah sich in der Folge dennoch zu einer eigenen Erklärung genötigt, in der er das Ereignis zur spontanen Sympathiebekundung erklärte und betonte, dass solche Berührungen nicht direkt verboten seien. Die »Times« ließen sich damit nicht beschwichtigen. Süffisant kommentierte das Traditionsblatt, dass es offenbar kein Protokoll mehr gebe, wenn das US-Präsidentenpaar in der Stadt sei. Positiv vermerkte der Autor, dass die Obamas von Anfang an »sehr entspannt« gewesen seien.

Im selben Jahr sorgte US-Präsident Obama für republikanische Empörung, weil er sich vermeintlich an das Protokoll hielt. Unter dem Titel »Ärger über Obama: ›Unterwerfen uns keinen Königen‹« schrieb »Die Presse« vom 16. 11. 2009: »US-Präsident Obama hat sich vor dem japanischen Kaiser verbeugt. Konservative Kommentatoren zeigen sich empört: ›Das ist grauenvoll‹. Die Geste sei ein Sinnbild für die Schwächung der USA.« Und weiter: »US-Präsident Barack Obama hat in seiner Heimat einen Sturm der Entrüstung ausgelöst – und zwar mit einer tiefen Verbeugung vor dem japanischen Kaiserpaar am Samstag in Tokio. Obwohl die Verbeugung mit dem ganzen Oberkörper der japanischen Etikette entspricht, empörten sich viele konservative Kommentatoren über den vermeintlichen Kotau. ›Das ist grauenvoll‹, befand CNN-Kommentator Bill Bennett. ›Wir unterwerfen uns keinen Königen oder Kaisern.‹ Auch der Obama-Kritiker William Kristol erklärte: ›Ich verstehe nicht, warum Präsident Obama dachte, er müsste so etwas tun. Er dachte wohl, das kommt gut an in Japan – aber für einen US-Präsidenten war das einfach deplatziert‹, sagte er im Sender Fox News. Kristol sah in der Höflichkeitsgeste ein Sinnbild für die Schwächung der USA unter Obamas Präsidentschaft. Ein ranghoher Regierungsvertreter erwiderte auf die Kritik, Obama habe sich nur an das Protokoll des japanischen Kaiserhauses gehalten.« An und für sich dürfte es so sein, dass das Protokoll des US-

Außenministeriums eine Verbeugung vor dem Staatschef eines anderen Landes nicht vorsieht. Nun ist der japanische Kaiser aber formal kein Staatschef, sondern in Japan noch immer göttliches Symbol. Wem also galt Präsident Obamas Verbeugung? War es Höflichkeit eines jüngeren dem älteren Menschen gegenüber? Oder Respekt vor der Institution des Kaiserhauses, der ältesten Monarchie der Welt? Eine Verbeugung gilt in Japan lediglich als Begrüßung und wird nicht als untertänig verstanden. Nur: je ranghöher das Gegenüber nach den Maßstäben der japanischen Gesellschaft ist, desto tiefer sollte die Verbeugung ausfallen. Und an eben dieser Frage des Ranges schieden sich die politischen Geister.

Ehrerbietende Distanz war auch das Motto der k. u. k. Zeit. Angesichts einer derart formellen Adelsgesellschaft waren in der Donaumonarchie Berührungen, zu denen sich ein Kaiser selbst durchrang, umso bedeutungsschwerer. Einen Händedruck des Kaisers bei einer Audienz merkte sich der Besitzer der geschüttelten Hand oft ein Leben lang, womit die Audienzen viel zur Mythosbildung um den Kaiser beitrugen.

Diese Audienzen finden heute ihre demokratisch legitimierte Entsprechung im Tag der offenen Tür in der Präsidentschaftskanzlei. Wenn die Bürger Schlange stehen, um durch die Hofburg geleitet zu werden und dem Bundespräsidenten die Hand schütteln zu dürfen, hat das den Charakter einer Generalaudienz, wie sie auch Papst Pius XI. im Jahr 1925 für den Vatikan einführte.

Zwischen den modernen Politikern ist der Händedruck – verglichen mit den in diesem Fall tatsächlich guten alten Zeiten der Monarchie – freilich zu einer Art Greifen und Grinsen verkommen. Eigentlich sollte es ein Signal des Kommunizierens auf gleicher Augenhöhe sein, bloß verhalten sie sich dabei inzwischen, als wüssten sie ganz und gar nicht mehr, was sich so g'hört: Bisweilen schütteln sie sich die Hände im Sitzen und statt sich gegenseitig in die Augen zu schauen, suchen sie mit Dauerlächeln die Linsen der Kameras.

Böse Menschen haben den Händedruck ohnedies längst für Demütigungen und Unterwerfungsrituale missbraucht. Saddam Hussein hielt, wenn er Staatsgäste traf, die Hand sehr eng an den Körper und sehr tief. So musste der andere, wenn er den Regenten nicht beleidigen wollte, auch sehr tief greifen und sich dabei ein wenig verbeugen.

Dafür kehrt eine andere, schon dereinst als wesentlich intensiver als der simple Händedruck empfundene Form der Berührung in unser politisches Geschehen zurück: Das Handauflegen. Bei ihren inszenierten Defilees eilen die Staatsobersten gerne auf die Massen hinter den Stahlgittern oder Polizeikordons zu, in der Grundabsicht des Händeschüttelns. Das geht sich aber aus Zeitmangel und wegen der Zahl der dargebotenen Hände nicht richtig aus. So grapschen sie einfach von oben nach den Fingern, worin etwa der deutsche Kommunikationswissenschaftler Gerhard Vowe eine Art Neuauflage des Handauflegens durch gesalbte Könige sieht.

Wie schon einmal kurz angerissen: Die Salbung als religiöse Komponente verlieh frühen Königen zusätzlich zu ihrer weltlichen Macht eine sakrale Stellung. Im Mittelalter war sie eine Methode, um die Legitimität des Königs, dem Heilkräfte zugeschrieben wurden, zu demonstrieren. Für römisch-deutsche Kaiser gab es ein eigenes Unterkleid für die Salbung, das an den zu salbenden Körperteilen Öffnungen aufwies. Gesalbt wurden sie an Scheitel, Brust, Nacken, zwischen den Schultern, auf dem rechten Arm, am Gelenk des rechten Armes und an der Innenfläche der rechten Hand und zwar mit den Worten: »Ich salbe dich zum König im Namen des Vaters, des Sohnes und des Heiligen Geistes«. Anschließend trockneten zwei Weihbischöfe das Salböl mit Baumwolle und Roggenbrot ab. Nach dem 11. Jahrhundert wurde dann dem Priestertum der Vorrang gegenüber dem Fürstenamt eingeräumt, was die sakrale Bedeutung der Salbung zunehmend schmälerte.

Jetzt kehrt sie, zumindest nach Meinung Vowes, wieder zurück. Dass mit der Version der Berührung durch einen Prominenten anstatt durch einen gesalbten Monarchen für die Menschen in einer medialisierten Welt keine Heilserwartung mehr verbunden ist, sondern eher die der Aufwertung des eigenen Status, ändert nichts an der Faszination. »Die Menge fängt vorher an zu vibrieren«, beschreibt Vowe, »und man streckt selbst automatisch die Hände mit raus.« Und wenn der Promi dann auch noch ein Popstar ist, fällt man ganz gern überhaupt gleich in Ohnmacht.

Die subkutane Hörigkeit gegenüber Spielformen längst untergegangener Monarchien setzt sich in der Republik Österreich auch dort fort, wo man sie, zumal unter einem sozialdemokratischen Bundespräsidenten, längst nicht mehr erwarten dürfte. Im Zeremoniell der Wiener Hofburg hielt sich bis in die Gegenwart herauf jede Menge k.u.k.

Zu Kaisers Zeiten galt es zum Beispiel als zeremonielle Selbstverständlichkeit, einem Staatsgast in der Kutsche entgegenzufahren, und zwar umso weiter, je bedeutender er war. Das ganze galt natürlich hin und retour, und Kaiser Franz Josef zelebrierte diese Usance buchstäblich bis zu seinem Ende. Im Jahr 1913 holte er sich einen Katarrh der Atemwege, als er es sich nicht nehmen ließ, den russischen Großfürsten Nikolai Nikolajewitsch im offenen Wagen bei kühlem, stürmischen Wetter von Schönbrunn zum Bahnhof zu bringen. Von da an sollte sich der Imperator trotz unzähliger Kuren nicht mehr von seinem Lungenleiden erholen.

Mehr als 200 Jahre zuvor, im Jahre 1679, hatte der Besuch des Zaren noch zu monatelangen protokollarischen Verhandlungen geführt. Unter Kaiser Leopold wurde dafür extra eine Kommission deputierter Geheimer Räte gegründet, die darüber beraten sollte, wie der Besuch des Großfürsten zu handhaben sei. War der Zar ein ebenbürtiger Kaiser oder eigentlich nur ein König? Oder gar noch weniger hoheitsvoll zu behandeln? Wie weit sollte man der russischen Delegation (230 Mann mit 300 Pferden und 60 Kutschen) vor den Toren Wiens entgegenkommen, um sie in die Hofburg zu geleiten? Je weiter das Empfangskommando den Gästen entgegenfuhr, desto höhere Bedeutung wurde dem Besuch damit beigemessen. Allein das Wort »Entgegenkommen« beinhaltet ja schon einen Akt der freundlichen Wertschätzung. Damals wie heute galt: Der höher Gestellte genießt das Privileg, als Letzter zu erscheinen. Wo sollte der Obersthofmeister die Staatsgäste begrüßen, sollte er zu ihnen die Stufen hinunterschreiten oder doch etwas weiter oben warten? Wer sollte dann an der rechten, der würdevolleren Seite des Obersthofmeisters stehen dürfen, wer musste an dessen linke Seite, die hierarchische Unterordnung zeigte? Wie oft sollten sich die Gesandten verbeugen, durften sie ihre Hüte aufbehalten und so weiter. Zur Belohnung für die zeremoniellen Mühen gab es immerhin Geschenke. 125 Wiener Bürger standen eindrucksvoll schwarz uniformiert bereit, um die Mitbringsel des Zaren zum Kaiser zu tragen.

Einen Eindruck, wie kompliziert bei diesen zeremoniellen Ansprüchen beispielsweise auch die Vorbereitungen für die Hochzeit Josephs II. mit Isabella von Parma gewesen sein müssen, die 1760 in Wien gefeiert wurde, gewinnt man im bereits erwähnten Schönbrunner »Zeremoniensaal«. Maria Theresia ließ dort die Hochzeitsfeierlichkeiten in mehreren Prunk-Bildern »dokumentieren«, um die Gäste des Schlosses gleich einmal ordentlich zu beeindrucken.

Das Gemälde »Einzug der Braut« zeigt den Hochzeitszug, der aus 98 (!) Kutschen bestand, die Hofmaler Martin van Meytens so detailliert malte, dass auf jeder Kutsche das Familienwappen zu erkennen ist. Wie viele Beratungen in diversen Kommissionen damals wohl notwendig gewesen sind, um allein für diesen Kutschenzug eine Reihenfolge zu erstellen, bei der sich möglichst wenige hohe Herrschaften düpiert fühlten?

Und weil wir gerade dabei sind: Aus diesem Bilderzyklus stammt auch das berühmte »unechte« Mozart-Bild »Serenade im Redoutensaal der Hofburg«, in das der Wunderknabe hineingeschummelt wurde, weil der liebe kleine Wolfgang Amadeus damals schon so populär war, dass seine »dokumentierte« Anwesenheit die Herzen erfreute – auch wenn er nur erfunden war.

Ich wünsche viel Spaß beim Suchen! Ein kleiner Tipp: Mozart trägt dasselbe Gewand wie auf der nach ihm benannten Kugel.

Auch heute noch gilt es als zeremonielle Selbstverständlichkeit, einem Staatsgast entgegenzukommen, allerdings macht sich inzwischen ein Minister oder ein Staatssekretär auf den Weg. Der Empfang eines Staatsgastes direkt am Bahnhof oder Flughafen durch den Bundespräsidenten wurde erst Anfang der 1990er-Jahre abgeschafft.

Bundespräsident Adolf Schärf erlitt noch mehr als ein halbes Jahrhundert nach Kaiser Franz Josef ein ganz ähnliches Schicksal: Er wollte 1965 den Schah von Persien bei äußerst unwirtlichem Winterwetter unbedingt persönlich am Flughafen in Schwechat begrüßen. Die Folge: Wenige Wochen später starb Schärf an einer schweren Grippe, die er sich dabei zugezogen hatte. Auch die rote Tapetentür zum Amtszimmer des Staatsoberhauptes hat heute wie damals zeremonielle Bedeutung. Mit welcher Geste der Bundespräsident die Parteichefs nach geschlagenen Wahlen hindurchführt, wird vielfach bezüglich eines Hinweises auf eine künftige Regierungskonstellation untersucht und gerne in Karikaturen überzeichnet. Legendär ist jener Cartoon von Manfred Deix, in dem der vormalige Präsident Thomas Klestil Viktor Klima beim Durchschreiten zärtlich am Hintern tätschelt, Wolfgang Schüssel auf Armlänge distanziert durch die Tür bittet und Jörg Haider am Ohr hindurchzieht.

Auch sitzt der jeweils amtierende Bundespräsident noch immer im selben Raum und am selben Schreibtisch, den bereits Kaiser Franz Josef benützte. Die Funktion des Kabinettsdirektors und seines Stellvertreters hat ebenfalls die Jahrhunderte überdauert. Rein formell ist Letzterer der höchste Beamte der Republik. 1909 war es Dr. Freiherr von Schießl, heute trägt den Amtstitel der rote Spitzendiplomat Rene Pollitzer. Die Funktion könnte allerdings längst neu definiert werden, schließlich stammt sie aus einer Zeit, in der die Hofburg noch einen ganzen Hof zu managen hatte. Heute stehen Pollitzer inklusive Chauffeuren, Sicherheits- und Reinigungskräften gerade einmal siebzig Leute zur Verfügung.

Die historisch gewachsenen Anforderungen an das Protokoll werden bei offiziellen Empfängen im Vergleich zu monarchischen Zeiten geradezu leger gehandhabt. Vor jedem Staats-Besuch kann die Botschaftsdelegation des jeweiligen Landes selbstverständlich spezielle Wünsche äußern. Die Zeiten, als man zum Beispiel dem saudischen Kronprinzen zur Grenze des österreichischen Luftraums mit Abfangjägern (damals noch unsere Draken) entgegengeflogen ist, um seine Boeing 747 nach Wien zu begleiten, sind passé.

Ein offizieller Staatsbesuch dauert heute drei Tage, ein Arbeitsbesuch oft nur ein paar Stunden. Fixpunkte wie Empfang und Staatsbankett folgen nichtsdestotrotz dem immergleichen zeremoniellen Modus: Der Staatsgast kommt mit Limousine in den Burghof eingefahren, unser werter Herr Bundespräsident erwartet ihn am Ende des roten Teppichs mit dem Ehrenspalier der Garde und der Militärmusik, die die Hymnen der beiden Länder spielt. Nach dem Abschreiten des Spaliers folgt die Verneigung vor den Fahnen, dann werden die Delegationen vorgestellt. Ebenso ritualisiert ist das gemeinsame Handshake-Foto in der barocken Pracht der Appartements von Maria Theresia, bei dem bestenfalls aus der Lächeltemperatur auf den Grad der (Un)Gezwungenheit geschlossen werden kann und auf das folgende Vier-Augen-Gespräch der Staatsleute. Nach etwaigen Delegationsgesprächen und einer Pressekonferenz trifft man sich beim Aperitif zum Staatsbankett. Dort begrüßen das Gastgeber-Ehepaar und das Gast-Ehepaar die restlichen Gäste. Der Protokollchef stellt beim Händeschütteln die Geladenen vor, und damit er das tun kann, erhält jeder Gast eine Vorstellungskarte, die ihm ein Protokoll-Angestellter, der vor dem Protokollchef steht, abnimmt und deren Inhalt wiederum dem Protokollchef zuflüstert. Die alten Herolde haben ausgedient.

Das eigentliche Essen eröffnet der Österreichische Bundespräsident mit seiner Tischrede, darauf folgt die Hymne des Gastlandes, worauf dann wiederum angestoßen wird. Danach erwidert der Staatsgast die heimischen Freundlichkeiten mit seiner Ansprache, an deren Ende die österreichische Bundeshymne erklingt. Nach neuerlichem Anstoßen beginnt das Diner, das seit neuestem ohne Musikbegleitung stattfindet, weil Heinz Fischer der Geräuschpegel während des Essens zu hoch war.

Protokoll-Fazit eines Staatsbesuches heutzutage: Es ist insgesamt ein bisschen fader und unprätentiöser geworden, möchte man meinen. Wenn da in der Hofburg nur nicht der allgegenwärtige imperiale Hauch der Geschichte wäre. Aber zumindest ein hoher Staatsgast brachte in jüngerer Vergangenheit ein bißchen frischen Wind in die Sache: 2006 beehrte Boliviens Staatsoberhaupt Evo Morales Heinz Fischer erstens nicht im ewig dunklen Präsidenten-Outfit, sondern in folkloristischer Lederjacke, und zweitens gingen die beiden Herren bei Sonnenschein einfach im Volksgarten spazieren, plauderten mit in der Wiese liegenden Ausflüglern und »... ein kleines Kind ließ Morales sogar von seinem Eis kosten – was der Präsident dann auch gerne tat.« (so orf.at am 13.5.2006). Das ist doch süß, oder?

Teile der Etikette sind seit der Monarchie sogar noch verschärft worden. So etwa galt unter Bundespräsident Thomas Klestil eine Art Kleidervorschrift, wonach selbst Studenten oder Arbeiter zur Vorsprache beim Staatsoberhaupt gefälligst mit Anzug, Krawatte oder im adäquaten Kleid zu erscheinen hatten. Da ging's unter Kaiser Franz Josef wesentlich entspannter zu: Wer zur Audienz geladen war, konnte, je nach Stand und finanziellen Möglichkeiten, in seiner Alltagskleidung oder Tracht erscheinen. Wenn der Monarch Hofbeamte zu sich zitierte, galt sein geflügeltes Wort: »Er soll kommen, wie er ist.«

Mit der Etikette verhält es sich aber so wie mit dem Recht: Ein Gesetz wird erst dann so richtig zum Gesetz, wenn es gebrochen wird. Entsprechend lange und liebevoll wurden solche Ausrutscher in Form von gern erzählten Anekdoten von der Geschichtsschreibung bewahrt. Eine davon lautet folgendermaßen: Bei festlichen Anlässen war die Botschafterstiege der Wiener Hofburg für geheime Räte und Kämmerer reserviert. Erkennbar waren letztere an dem an der Reversseite neben der rechten Hüfte getragenen goldenen Schlüssel, einem Insignium des höchst intimen Zugangs zu den Räumen der Burg, wobei die Schlüssel lediglich symbolischen Charakter hatten – gesperrt haben sie nicht.

Eines Tages geschah es, dass dem Kammerherrn, Markgraf Pallavicini persönlich, von einem einfachen Lakaien der Zutritt zur Botschafterstiege verwehrt wurde. Offenbar hatte dieser den goldenen Schlüssel an der Lendenseite des Markgrafen übersehen. Daraufhin wies ihn Pallavicini mit einem Ausruf zurecht, der ihn selbst lange überleben sollte: »Schauen Sie mich gefälligst zuerst am Arsch an!«

Mit einer vergleichbar rustikalen Wortwahl, die freilich einen bedeutend höheren politischen Wellenschlag zu Folge hatte, gefährdete im Sommer 1997 Wolfgang Schüssel seine politische Karriere. Während einer informellen Frühstücksrunde mit österreichischen Journalisten am Rande des EU-Gipfels in Amsterdam soll der damalige Außenminister gemäß den Aussagen mehrerer Anwesender den deutschen Bundesbankpräsidenten Hans Tietmeyer als »richtige Sau«, (weil dieser den deutschen Finanzminister Theo Waigel hintergangen habe) und den dänischen Ministerpräsidenten und Außenminister schlicht als »Trottel« bezeichnet haben. Schüssel eilte nach Frankfurt, um die Sache in einem Vier-Augen-Gespräch mit Tietmeyer aus der Welt zu schaffen, was ihm nicht gelungen ist. Im Gegenteil: Die Geschichte wird man voraussichtlich auch in hundert Jahren noch kennen, schon jetzt ist der Sau-Sager fixer Bestandteil vieler Schüssel-Biographien und zweifellos einer der unterhaltsameren.

Besonders streng wurde in der Monarchie bei Frauen auf die Einhaltung der Etikette geachtet, und entsprechend pikant war es auch, wenn sie dagegen verstießen. Besonders streng war Maria Theresia, der oft gar nicht gefiel, was sich so manche Aristokratin erlaubte: Eine der Hofdamen der Monarchin führte eine nicht ganz einwandfreie Ehe. Rasch verbreitete sich die Kunde von ihrem Treiben am Hof. Maria Theresia war entrüstet über die diversen Liaisonen der verheirateten Hocharistokratin und ergänzte die Hofrangliste – eine Art Einladungsliste für Feste und Empfänge – um eine nicht sehr schmeichelhafte

Bemerkung über sie. Die somit offiziell gescholtene Prinzessin stammte allerdings aus einer der ersten Familien des Landes und verfügte über eine weitverzweigte und einflussreiche Verwandtschaft, die heftig dagegen protestierte. Mit einem solchen Clan konnte oder wollte sich auch Maria Theresia nicht anlegen. »Also meinetwegen, ich streiche die Geschichte weg«, meinte sie schließlich, nicht ohne eine letzte Finte anzubringen. »Aber ich will es so machen, dass man gleich merkt, dass hier radiert worden ist.« Auch das strengste Etiketten-Korsett konnte vor allem dann nicht vor Entgleisungen schützen, wenn Kinder im Spiel waren. Auch wenn hochwohlgeborene Sprösslinge bereits früh mit einwandfreier Erziehung und der Vermittlung entsprechender Werte auf ihre späteren Aufgaben vorbereitet wurden, passierte den Buben und Mädchen hin und wieder ein schrecklicher Patzer.

Hier wieder ein Beispiel einer jener Anekdoten, mit denen sich die Monarchie selbst verklärte und die sich bis heute in der stetig zunehmenden Habsburger-Literatur finden: Erzherzog Karl, der spätere Sieger der Schlacht von Aspern, leistete sich als Kind einen peinlichen Fauxpas. Karl hatte als kleiner Bub einen geistlichen Herrn zum Lehrer. Als das Alte Testament durchgenommen wurde, kam der Prinzenerzieher auch an jene Stelle, an der es heißt, König Salomo hätte über 300 Frauen und über 700 Konkubinen verfügt. Der kleine Erzherzog lauschte dem Vortrag mit größter Spannung. Plötzlich fragte er ganz aufgeregt: »Hochwürden, was sind denn das eigentlich, Konkubinen?« Der Prälat kam durch diese Frage in nicht geringe Verlegenheit. Er schwieg zuerst eine ganze Weile, nahm dann seine ganze Kraft zusammen und bemerkte: »Wissen S',

Kaiserliche Hoheit, so sind damals die Hofdamen genannt worden.« Der kleine Karl gab sich mit dieser Erklärung durchaus zufrieden. Am gleichen Abend fand bei der Kaiserin ein großer Damenabend statt. Der kleine Erzherzog war, wenigstens für kurze Zeit, zugelassen. Karl begutachtete die Hofdamen aufmerksam und krähte dann mit aller Entschiedenheit: »Ich weiß ganz genau, was ihr eigentlich seid's!« Auf die verblüffte Nachfrage der hohen Damen, was er eigentlich meine, erwiderte Erzherzog Karl entsprechend der Erklärungen seines geistlichen Erziehers: »Ihr seid's alle zusammen die Konkubinen vom Papa.«

Von und zu

Neben der Einhaltung strenger Benimmregeln und des imperialen Zeremoniells gehörte es zum Aufputz der Monarchie und ihrer tatsächlichen und vermeintlichen Elite, sich »von und zu« nennen zu dürfen, was sich immer mehr zu einer wahren Titelsucht entwickelte.

Kaiser Franz Josef, der am Anfang seiner Regentschaft bei der Vergabe von Adelstiteln sehr sparsam vorgegangen war, ließ sich im Laufe seiner Amtszeit zu einer wahren Inflation von Verleihungen der höchsten Standeswürde hinreißen. So kam es bei manchen Aspiranten zu der Verlegenheit, einen passenden »von und zu«-Namen zu finden, was absolut skurrile Blüten trieb. In der österreichischen Hälfte der Doppelmonarchie konnten Adelsanwärter nämlich beliebig Namen wählen, auf die das »von« zurückgeht – ohne jeden Zusammenhang mit familiengeschichtlicher Evidenz. Irgendein Titel fand sich, wenngleich manchmal auch erst nach längerer Überlegung, dann eigentlich immer – und doch waren die Vorschläge, die so zustande kamen, vielleicht nicht immer im Sinne des Anwärters. Eine kleine Auslese dieser »Adelsblüten«: Ammon von Treuenfels, Bender von Säbelkampf, Hiebler von Lebmannssport, Rosenzweig von der Powacht, Obst von Tarrawehr, Schwabe von der Waisenfreund und Wasserfall von Rheinbrausen.

Wer Offizier in der k. u. k. Armee war, konnte den Adelsstand besonders leicht erreichen. Die Voraussetzungen waren simpel: Man musste entweder 30 Jahre lang ohne Makel gedient und zumindest an einem kriegerischen Vorfall teilgenommen haben. Wenn das in längeren Friedenszeiten nicht möglich war, musste man zumindest 40 Jahre im Dienst der Armee gestanden haben.

Wenngleich so mancher mit aller Macht an einen Titel gelangen wollte und sich jeder, der einen hatte, damit brüstete, stand der Kaiser diesem Gebaren mit einer gewissen Ironie gegenüber, was er die Adelsanwärter und die Adeligen selbst auch hin und wieder spüren ließ. Einmal stand ein alter Dragoneroberst zur Adelsernennung beim Kaiser an und war voll des Glücks. Sein einziges Problem: Er hieß mit Nachnamen Schwer. Welchen Titel sollte er dem Kaiser vorschlagen? Schwer von Schwertenegg, Schwer von Schwertheim? Oder, weil seine Frau Karoline hieß, vielleicht Schwer von Karolinenthal? Bei der Audienz teilte der Mann seiner Majestät – vor Aufregung ziemlich stotternd – seine Schwierigkeiten mit dem Prädikat mit. Der Kaiser schmunzelte ein wenig und antwortete dann schlagfertig: »Aber mein Lieber, das ist doch ganz einfach, nennen Sie sich einfach Schwer von Begriff.« Hätte durchgehen können, denn es klingt ja auch nur eine Nuance unedler als »Karl Gelb Edler von Siegerstern« oder »Donner von Blitzbergen«.

Auch den Hochadel ließ Franz Josef solche Ironie spüren. Regelmäßig erschienen Fürsten, Grafen und Freiherren zur Audienz beim Kaiser. Diese Audienzen waren derart häufig, dass Franz Josef sie quasi zwischendurch erledigte. Eines Tages hatte sich Fürst zu Thurn und Taxis angesagt, während der Kaiser eben in sein geliebtes Aktenstudium vertieft war. Der Aristokrat betrat das Arbeitszimmer des Monarchen in Schönbrunn und räusperte sich, um sich bei dem über die Papiere gebeugten Kaiser bemerkbar zu machen. Daraufhin forderte ihn Franz Josef brummelnd auf, sich doch einen Sessel zu nehmen. Indigniert über diese Geringschätzung erklärte der Adelige mit festem Ton: »Ich bin der Fürst von Thurn und Taxis.« Darauf der Kaiser: »Ja dann nehmen Sie halt zwei Sesseln.«

Gelegentlich geschah es auch, dass Franz Josef seinen Unmut über die eine oder andere Adelsernennung äußerte. Etwa bei jener Ernennung, die den aus Norddeutschland zugereisten Historiker Theodor Sickel betraf. Der honorige Mann hatte das »Institut für österreichische Geschichtsforschung« mitbegründet und es in seiner langen und erfolgreichen Laufbahn bis zum Hofrat und Universitätsprofessor gebracht. Im Jahr 1884 wurde ihm der Leopold-Orden verliehen. Also konnte Sickel nun um den erblichen Ritterstand einkommen. Als der Kaiser das Gesuch sah, meinte er etwas skeptisch: »Kann man denn eigentlich einem Büchelschreiber den Adel verleihen? Vielleicht schenk ma ihm doch lieber a goldene Uhr.« Letztlich ging natürlich auch diese Ernennung durch – als eine von Tausenden. Ganz kurz zur Statistik: Von 1701 bis 1918 wurden rund 8500

Offiziere und Beamte sowie 520 Künstler und Wissenschaftler in den Adelsstand erhoben.

Endgültig atemberaubende Dimensionen nahmen die Adelsernennungen durch den letzten Kaiser, Karl I., der nur noch knapp zwei Jahre im Amt war, an, der quasi in Serie alle möglichen Antragsteller in den Adelsstand erhob, was ihm bei Hof und Volk den Beinamen »Sehadler« einbrachte. Weil er eben fast jeden Menschen, den er sah, auch gleich adelte.

Als Letzter brachte es General Viktor Dankl 1917 zum Freiherren und nur ein Jahr später, im November 1918, zum Grafen. Am Tag danach wurde die Monarchie gestürzt, Dankl durfte aber noch sein Ernennungsdekret unterfertigen – und das tat er dann auch höchst korrekt. Wie ernst er selbst das nahm, ist fraglich. Als er mit »Dankl, Graf«, signierte, bemerkte sein Adjutant kritisch: »Exzellenz, man schreibt Graf Dankl und nicht Dankl Graf.« Den General ließ das völlig kalt. Er replizierte: »Für andere Leute mag das stimmen. Aber ich war zuerst Dankl und dann Graf.«

Nach dem Sturz der Habsburgermonarchie und der Vertreibung von Kaiser Karl folgte die Rache der bürgerlichen Parteien am Adelsstand auf dem Fuß. Im November 1918, bei den ersten freien Wahlen nach modernem Politikverständnis, kamen die Sozialdemokraten ans Ruder. Und mussten sogleich ihren Reformeifer unter Beweis stellen: Bereits im folgenden Jahr wurde es verboten, Adelstitel zu führen. Manche Vertreter der Aristokratie nahmen das Ende ihres Standes durchaus mit Humor. Adalbert Graf Sternberg etwa ließ sich daraufhin Visitenkarten drucken, auf denen zu lesen stand: »Adalbert Sternberg – geadelt von Karl dem Großen, entadelt von Karl Renner«. Und weil's beim »Adelsaufhebungsgesetz« ja schon mehr oder weniger um die Wurst ging, sollte das jeder Österreicher zumindest einmal überflogen haben: »Vollzugsanweisung des Staatsamtes für Inneres und Unterricht und des Staatsamtes für Justiz, im Einvernehmen mit den beteiligten Staatsämtern vom 18. April 1919, über die Aufhebung des Adels und gewisser Titel und Würden.

Auf Grund des Gesetzes vom 3. April 1919, St.G.Bl. Nr. 211, wird verordnet, wie folgt:

§ 1. Die Aufhebung des Adels, seiner äußeren Ehrenvorzüge, weiters der bloß zur Auszeichnung verliehenen, mit einer amtlichen Stellung, dem Berufe oder einer wissenschaftlichen oder künstlerischen Befähigung nicht im Zusammenhange stehenden Titel und Würden und der damit verbundenen Ehrenvorzüge trifft alle österreichischen Staatsbürger, und zwar, gleichviel, ob es sich um im Inlande erworbene, oder um ausländische Vorzüge handelt.

§ 2. Durch § 1 des Gesetzes vom 3. April 1919, St.G.Bl. Nr. 211, sind aufgehoben:

1. das Recht zur Führung des Adelszeichens ›von‹;

2. das Recht zur Führung von Prädikaten, zu welchen neben den zugestandenen die Familien unterscheidenden Adelsprädikaten im engeren Sinne auch das Ehrenwort Edler sowie die Prädikate Erlaucht, Durchlaucht und Hoheit gezählt wurden;

3. das Recht zur Führung hergebrachter Wappennamen und adeliger Beinamen;

4. das Recht zur Führung der adeligen Standesbezeichnungen, wie z.B. Ritter, Freiherr, Graf und Fürst, dann des

Würdetitels Herzog, sowie anderer einschlägiger in- und ausländischer Standesbezeichnungen;

5. das Recht zur Führung von Familienwappen, insbesondere auch der fälschlich »bürgerlich« genannten Wappen, sowie das Recht zur Führung gewisser ausländischer, an sich nicht immer mit einem Adelsvorzuge verbundener Titel, wie z. B. Conte, Conta Palatino, Marchese, Marchio Romanus, Comes Romanus, Baro Romanus ec., selbst wenn es nichtadeligen Familien zukam.

§ 3. Auf Grund des § 4 des Gesetzes vom 3. April 1919, St.G.Bl. Nr. 211, werden folgende Titel und Würden als aufgehoben erklärt: die Würde eines Geheimen Rates, der Titel und die Vorrechte einer Geheimen Ratsfrau, die Würde eines Kämmerers und eines Truchsessen, die Würde einer Palastdame, die Anredeform »Exzellenz«, der Titel eines kaiserlichen Rates, ferner alle mit nicht mehr bestehenden Hof-, Lehens- und landesständischen Einrichtungen verbunden gewesenen Titel, insbesondere die Titel der Landeserbämter und der Landeserzämter, die sonstigen Würdelehenstitel und die aus der Verbindung mit den vorangesetzten Worten »Hof«, »Kammer« oder »Hof- und Kammer« gebildeten, nicht mit einer amtlichen Stellung im Zusammenhange stehenden Titel.

§ 4. Unter die aufgehobenen Titel fallen nicht die den öffentlichen Angestellten verliehenen staatlichen Amtstitel, insbesondere nicht die den Staatsangestellten verliehenen Titel höherer Rangsklassen, sowie die Titel der V. und VI. Rangsklasse (Hofrat, Regierungsrat), bei Professoren der Hoch- und Mittelschulen oder bei Beamten der Handels- und Gewerbekammern u. dgl.

§ 5. (1) Die Führung von Adelsbezeichnungen (§ 2), sowie von aufgehobenen Titeln und Würden (§ 3) wird von den politischen Behörden gemäß § 2 des Gesetzes vom 3. April 1919, St.G.Bl. Nr. 211, mit Geld bis zu 4000 S oder Arrest bis zu sechs Monaten bestraft.

(2) Strafbar ist hienach nicht nur die Führung solcher Bezeichnungen im öffentlichen Verkehr, das heißt im Verkehr mit Behörden und öffentlichen Stellen sowie in an die Öffentlichkeit gerichteten Mitteilungen und Äußerungen, sondern auch die Führung im rein gesellschaftlichen Verkehr und der Gebrauch von Kennzeichen, die einen Hinweis auf den früheren Adel oder auf aufgehobene Titel oder Würden enthalten, soferne darin eine dauernde oder herausfordernde Mißachtung der Bestimmungen des Gesetzes zu erblicken ist.

(3) Die Verwendung von Gegenständen, die mit Bezeichnungen des Adels, eines aufgehobenen Titels oder einer solchen Würde bereits versehen sind, ist nicht als strafbare Führung solcher Bezeichnungen anzusehen. [...]

§ 8. Wo die Bezeichnung »kaiserlich königlich privilegiert« (k. k. priv.) im Wortlaute von Firmen vorkommt, entfallen diese Worte mit dem Tage der Kundmachung dieser Vollzugsanweisung.«

Amüsante Randnotiz: Im Burgenland wurde der Adel zur Sicherheit ganz offiziell durch ein Verfassungsgesetz per 1. 1. 2008 noch einmal abgeschafft. Es war nicht hundertprozentig klar gewesen, ob die bisherigen Regelungen auch das Burgenland betrafen, weil jenes in seiner heutigen Form 1919 noch nicht existiert hatte beziehungsweise man damals

Esterhazy & Co. nicht verärgern wollte, weil man fürchtete, bei den Vertragsverhandlungen in Saint Germain Burgenland nicht von den Ungarn zu bekommen.

Während der Beamtenadel der »Zweiten Gesellschaft« von der Entadelung empfindlich getroffen wurde, weil damit die Frucht des mühsamen sich Hinaufdienens und der ersehnte soziale Aufstieg wieder beim Teufel war, konnten die privilegierten Mitglieder der »Ersten Gesellschaft« den offiziösen Machtverlust leichter ausbügeln. Denn sie verloren zwar formal alte Titel und Vorrechte, ihre gesellschaftlichen Traditionen aber führten sie nahtlos weiter. Michael Hainisch, österreichischer Bundespräsident (1920–1928), brachte die Wirkungslosigkeit der Adelsaufhebung auf den Punkt: »ein kindisches Beginnen, schon deshalb, weil man gar nicht diejenigen traf, die man hatte treffen wollen. Ich sprach einmal mit der ebenso feinen wie klugen Fürstin Fanny Starhemberg über diesen Punkt. ›Uns‹, sagte sie, ›macht die Aufhebung des Adels nichts, wir bleiben mit oder ohne den Titel immer die Starhembergs.‹«

Denn der entscheidendste Punkt war: Der Adel behielt seine Besitztümer. Und auch der gesellschaftliche Status hat sich in den letzten Jahrzehnten wieder verändert. Galt adelig zu sein bis vor vielleicht zwanzig Jahren als peinlich gestrig, erfährt das Spielen mit dem »von« im Namen seitdem durchaus wieder respektvolle Anerkennung. So widmete der »trend« dem Thema im März 2010 unter dem Titel »Die Erben der Monarchie« eine Coverstory. Headlines: »Das bevorstehende Ende des ›Habsburger-Verbots‹, in Wirtschaftsaffären verstrickte Adelige, blaublütige Aufsteiger: Österreichs Aristokraten machen wieder Schlagzeilen«. Im Text heißt es: »Dass Blaublütige immer noch viele wichtige Positionen besetzen, wurde in der jüngeren Vergangenheit ausgerechnet durch Affären ins Bewusstsein gerufen, die auch das Selbstverständnis vieler Adeliger erschütterten: von der Causa Herberstein über den Vermögensverwalter Wolfgang Schurian – der den Mädchennamen seiner Mutter annahm und als »Auer von Welsbach« nun der Untreue verdächtigt wird – bis hin zum Hypo-Alpe-Adria-Skandal, wo sich Familien wie Goess oder Orsini-Rosenberg unter der ominösen Gruppe von Privatinvestoren befanden. Bei der Constantia Privatbank machte Johannes Arco eine unrühmliche Figur. Und die möglichen Schmiergeldzahlungen des burgenländischen Grafen und Waffenlobbyisten Alfons Mensdorff-Pouilly bleiben ebenfalls Gesprächsthema.«

Verständnisvolle bis durchaus positive Reaktionen rief 2010 ausgerechnet ein Mitglied der ex-kaiserlichen Dynastie hervor. Der Kärntner Grün-Politiker Ulrich Habsburg-Lothringen wollte bei den österreichischen Bundespräsidentenwahlen antreten, was ihm mit Verweis auf das »Habsburger-Verbot« verwehrt wurde. Jedenfalls wurde die uralte Diskussion darüber, ob die Republik den Angehörigen der alten Herrscherfamilie quasi durch Sippenhaftung deren Rechte als Staatsbürger vorenthalten kann, mit Vehemenz wieder entfacht. Wobei sich bei Skeptikern freilich der Verdacht aufdrängt, dass die Familie Habsburg-Lothringen das Angenehme mit dem Nützlichen verknüpfen und mit dem »von« im Namen dann auch die Restitution enteigneter Güter beschleunigen will. Zur Erinnerung: Kaiser Karl hatte am 11. November 1918 zunächst eine Verzichtserklärung abgegeben, am Tag darauf wurde die Erste Republik ausgerufen. 1919 aber hat (Ex-)Kaiser Karl seine Verzichtserklärung widerrufen, worauf das Parlament das Habsburgergesetz vom 3. April 1919 beschloss, in dem es unter anderem hieß:

§ 1. 1. Alle Herrscherrechte und sonstige Vorrechte des Hauses Habsburg-Lothringen sowie aller Mitglieder dieses Hauses sind in Österreich für immerwährende Zeiten aufgehoben.

2. Verträge über den Anfall von Herrscherrechten über das Gebiet der Republik Österreich sind ungültig.

§ 2. Im Interesse der Sicherheit der Republik werden der ehemalige Träger der Krone und die sonstigen Mitglieder des Hauses Habsburg-Lothringen, diese, soweit sie nicht auf ihre Mitgliedschaft zu diesem Hause und auf alle aus ihr gefolgerten Herrschaftsansprüche ausdrücklich verzichtet und sich als getreue Staatsbürger der Republik bekannt haben, des Landes verwiesen. Die Festsetzung, ob diese Erklärung als ausreichend zu erkennen sei, steht der Bundesregierung im Einvernehmen mit dem Hauptausschuß des Nationalrates zu.

§ 3. Der Gebrauch von Titeln und Ansprachen, die mit den Bestimmungen des § 1 im Widerspruch stehen, ist verboten. Eide, die dem Kaiser in seiner Eigenschaft als Staatsoberhaupt geleistet worden sind, sind unverbindlich.

§ 4. In der Republik Österreich ist jedes Privatfürstenrecht aufgehoben.

§ 5. Die Republik Österreich ist Eigentümerin des gesamten in ihrem Staatsgebiet befindlichen beweglichen und unbeweglichen hofärarischen sowie des für das früher regierende Haus oder für eine Zweiglinie desselben gebundenen Vermögens ...«

Fazit: Titel weg, Vermögen futsch – und per Verfassung von der

Kandidatur zur Bundespräsidentenwahl ausgeschlossen.

Die meisten Mitglieder der ehemaligen Herrscherfamilie Habsburg-Lothringen haben mittlerweile auf allfällige Ansprüche auf den Thron verzichtet, durften also wieder nach Österreich einreisen. Die letzte große Diskussion um das Thema »offiziell auf alle Herrschafts-Ansprüche verzichten« gab es bei Ex-Kaiserin Zita, die formal nie auf etwaige Ansprüche verzichtet hatte: Sie durfte über Vermittlung des spanischen Königs Juan Carlos 1982 trotzdem nach Österreich einreisen – aber da war sie auch schon neunzig.

Dass das ehemalige Habsburger-Vermögen nicht dem österreichischen Staat, sondern doch den kaiserlichen Nachkommen gehört, wird weiterhin immer wieder behauptet – Endergebnis offen, es geht schließlich um hohe Summen.

Der Adel hat die Zeitenwende jedenfalls relativ clever gepackt. Den Verlust der Titel nahm man ziemlich ungerührt zur Kenntnis, die Hierarchie blieb ja sowieso dieselbe – und inoffiziell und im Ausland zeigt man noch immer gerne die Visitenkarten-Version mit dem alten Namen. Aus der Politik hat man sich offensichtlich fast zur Gänze zurückgezogen. Nach dem Tod des ÖVP-Mannes Vinzenz Liechtenstein im Jahr 2008 ist kein einziger Alt-Adeliger mehr im National- oder Bundesrat vertreten. Und ausgerechnet im roten Wien steht ein blaublütiger Nachfahre in politischem Amt: Andreas Mailath-Pokorny ist Wiener Kulturstadtrat.

Kennzahlen aus dem »trend« zum österreichischen Adel heute:

- 180 Familien mit 11.000 Familienmitgliedern sind Nachfahren des Hochadels, rund 0,14 Prozent der österreichischen Bevölkerung.
- 400.000 Hektar Wald werden von Aristokraten bewirtschaftet, 12% des heimischen Forsts.
- 410 von über 1700 erhaltenen Schlössern und Burgen befinden sich im Besitz von adeligen Familien.
- 148 Adelige sitzen in Aufsichtsräten, Vorständen oder Geschäftsführungen der 5000 größten Unternehmen Österreichs.
- 46,6 Prozent der Top-Positionen, die Adelige in der österreichischen Wirtschaft bekleiden, sind im Finanzsektor angesiedelt.

Unter den Top 10 der Waldbesitzer in Österreich (in Hektar) ist die Aristokratie noch gut vertreten:

– Österreichische Bundesforste	514.000
– Stadt Wien	40.500
– Mayr-Melnhof	34.560
– Liechtenstein	25.760
– Esterhazy	22.580
– Schwarzenberg	19.840
– Benediktinerstift Admont	16.720
– Habsburg-Lothringen	15.965
– Familie Hoyos	14.385
– Zisterzienserstift Lilienfeld	11.200

Zählen also die Privilegierten von damals auch zur A-Liga von heute? Nur zu einem sehr kleinen Teil (aber darüber zu jammern, das wäre schon Raunzen auf hohem Niveau ...): Die aktuellste »trend«-Reichenliste führt auch eine schillernde Familie mit Tradition, aber ihr Name ist Piëch & Porsche – die Automobil-Dynastie verfügt über ein geschätztes Vermögen von 28,6 Milliarden Euro. Weit abgeschlagen auf Platz 2 folgen die Nachkommen von Friedrich K. Flick (rund 5,7 Milliarden Euro), auf Platz 3 und 4 haben sich die erfolgreichsten Selfmade-Milliardäre Österreichs nach vorne gekämpft: Dietrich Mateschitz (»Red Bull« – circa 4,1 Milliarden Euro) und Johann Graf (»Novomatic« – circa 3,7 Milliarden Euro).

»Erst« auf Rang Nummer 5 findet sich die Familie Liechtenstein mit einem geschätzten Vermögen von 3,6 Milliarden Euro. Neben der berühmten Kunstsammlung im Wiener Palais Liechtenstein besitzt die Familie Schlösser, Ländereien und eine eigene Bank, die LGT, was bei den ganzen Gemeinheiten verschiedenster Finanz- und Steuerbehörden ja recht praktisch sein müsste.

Auf Platz 15 findet sich die Familie Mayr-Melnhof (rund 1050 Millionen). Sie ist größter privater Waldbesitzer des Landes und verfügt über die größten Industriereserven unter den österreichischen Adeligen. Typischerweise gehörten die MMs nicht zum Hochadel, sie wurden erst 1872 in den Freiherrenstand erhoben. Zusammen mit der Familie Goess hat der Aristo-Clan einen 65-prozentigen Anteil am börsennotierten Faltschachtelspezialisten Mayr-Melnhof Karton AG.

Die Esterhazys belegen mit vermuteten 850 Millionen Euro die 22. Position des Geldadel-Rankings. Der Familie (beziehungsweise mittlerweile natürlich diversen Stiftungen) gehören rund ein Achtel des gesamten Burgenlandes (50.000 Hektar, auch Flächen des Neusiedlersees); von den knapp 6000 Hektar Landwirtschaft ist der Großteil verpachtet, knapp 1000 Hektar werden in Eigenregie biologisch bewirtschaftet – damit sind die Esterhazys die größten Biobauern Österreichs. Die bekanntesten ihrer Burgen und Schlösser sind Lackenbach, Landsee, Forchtenstein und Eisenstadt. Auch der Römersteinbruch in St. Margarethen zählt zu den Immobilien der alten ungarischen Familie.

Apropos »trend«: 1969 / 1970 war ein Mann gemeinsam mit Oscar Bronner an der Gründung des österreichischen Wirtschaftsmagazins beteiligt, den man nicht auf Anhieb mit einem Medienprojekt in Verbindung bringen würde – Karl (Johannes Nepomuk Josef Norbert Friedrich Antonius Wratislaw Mena Fürst zu) Schwarzenberg, Oberhaupt der Familie Schwarzenberg, Vorsitzender der 2009 im Nachbarland Tschechien gegründeten Partei »TOP 09« und seit 2010 zum 2. Mal Außenminister der tschechischen Republik. »Früher hat man im Adel über Geschäfte nicht gesprochen, besonders in Österreich. Das galt als unelegant«, erzählt Andreas Bardeau dem »trend«. »Heute ist das anders.« Der steirische Graf hat im letzten Jahrzehnt eine 25.000-Hektar-Landwirtschaft in Rumänien aufgebaut und gilt vielen als Beispiel dafür, dass unternehmerischer Riecher und Umsetzungskraft auch mit aristokratischem Background möglich sind, so das Wirtschaftsmagazin.

Heinrich Hoyos etwa begann 1999 seine Idee der Lagerraum-Company »Selfstorage« umzusetzen, die inzwischen auf 31 Standorten in drei Ländern höchst erfolgreich ist. Caspar von

Moy belebt gerade die Tradition der Gmundner Keramik wieder, Johannes Trauttmansdorff-Weinsberg zählt zu den österreichischen Windkraft-Pionieren, Marie-Therese Strachwitz gründete die Eventagentur Westacht – und Medienkollege Karl Hohenlohe ist auch ein Tausendsassa: Der »Gault Millaut«-Herausgeber, »Kurier«-Kolumnist, »Seitenblicke«-Spezialist und »Fürstel«-Erfinder relativiert überdies Standesdünkel: »Im Adel gibt es genauso viele gescheite, lustige, freundliche, hochnäsige oder dumme Menschen wie in allen anderen Schichten auch – alle Charaktertypen sind vertreten.« Was sicher stimmt. Nur: Es redet sich halt leichter.

Weshalb ein Adelstitel inzwischen auf Vermittlung einschlägiger Agenturen auch käuflich zu erwerben ist. Bei einer deutschen Agentur etwa kostet ein simples »von« 30.000 Euro, für den Grafen-, Freiherrn- und Baron-Titel sind 40.000 Euro zu berappen. Im Gegenzug stellt die Agentur den »Zugang zu den höchsten Gesellschaftsschichten« in Aussicht.

Irgendwie logisch, dass sich auch in Österreich die »echten« Adeligen immer weniger scheuen, ihre Adelstitel, die es doch gar nicht mehr gibt, ganz offen zu führen. Zum Beispiel auf der Internetseite des im Besitz von DI Felix Montecuccoli – ja genau, *der* Montecuccoli – stehenden Gutes Mitterau. Der ist dort ganz unverblümt und wie in alten Zeiten »Graf Felix«. Originalzitat: »Graf Albert heiratete ... Barbara Edle von Pflügl ... und bekam mit ihr drei Kinder: Elisabeth ..., Felix ... und Franziska ... Graf Albert wandelte den Betrieb Gut Mitterau vor allem durch die forcierte Erschließung der Waldflächen mit großzügigen Forststraßen in einen modernen Forstbetrieb um und übergab den Besitz am Gut Mitterau 2002 an seinen Sohn DI Felix

Montecuccoli, der wie sein Vater Forstwirtschaft studiert hat. Graf Felix heiratete Helga Baronin Auer von Welsbach, … Enkelin des großen österreichischen Erfinders Dr. Carl Baron Auer von Welsbach …« Der natürlich nur im Internet als Graf verkehrende Felix Montecuccoli vertritt als Präsident der Land- und Forstbetriebe Österreichs rund 700 der größten heimischen Bauern- und Forstbetriebe.

Abschließend erlaube ich mir festzustellen, dass meiner Meinung nach das, was in Adelskreisen immer schon und in der österreichischen Klatschpresse seit einigen Jahren gepflogen wird, nämlich die aristokratischen Herrschaften mit ihren ursprünglichen Titeln zu benennen, durchaus in Ordnung geht. Warum sollen die Leute diese lustigen Namen, die sie obendrein zum Teil schon vor Jahrhunderten selbst erfunden haben, nicht wieder offiziell tragen? »August Fürst Bumsti von und zu Guglhupf« klingt doch viel besser als nur »August Bumsti-Guglhupf«. Ich wähle hier einen fiktiven Namen, um niemanden zu beleidigen.

Die viel interessantere Frage ist doch: Was hat die Allgemeinheit von dem Umstand, dass die hohen Herrschaften ihre Besitztümer nach Ende der Monarchie behalten durften? Doch da ist in Österreich eine Diskussion in Gang gekommen, die vielleicht auch nach der nächsten Steuerreform nicht so schnell wieder abklingt. Eine Diskussion über Agrarförderungen für Großgrundbesitzer, über die Höhe der Grundsteuer, über die Wiedereinführung der Erbschaftssteuer und über eine – gottstehunsbei! – Reichensteuer. Und wenn man noch etwas tiefer gehen wollte, könnte man ja fragen: Unter welchen, womöglich rechtlich oder zumindest im Sinne der Gerechtigkeit fragwürdigen Umständen kamen denn die Fürsten und Grafen zu all ihren Besitztümern, und wo setzt man historisch an, wenn man wissen will, ob sie legitim sind? Bei den Kreuzzügen, im Dreißigjährigen Krieg, oder im Jahr 1918? Fest steht jedenfalls: Es ist heute viel leichter als damals, reich und berühmt zu werden. Auch wenn ein Stammbaum vielleicht hie und da hilft, wirklich brauchen tut man ihn nicht mehr. Man kann genauso gut einen Popsong zum Besten geben, den die Massen begeistert mitjohlen, ein Computerprogramm erfinden, das Aktien lediglich nach mathematischen Kriterien an- und wieder verkauft oder ein klebrig süßes Getränk in silberne Dosen füllen.

Und wenn man sich Gedanken darüber macht, wie die Werte in einer Gesellschaft einigermaßen gerecht verteilt werden sollen, ist doch wirklich sekundär, wer wie lange schon wie heißt, oder? Denn diese Frage ist älter als alle Adelstitel miteinander.

Die Titelkratie

Der Verlust der Adelstitel war umso besser zu verschmerzen, als Österreich anstelle der »vons« und »zus« ein dichtes Netz an Titeln gewoben hat, die ebenfalls die Eitelkeit bedienen. Heinz Kasparovsky listet in seinem Buch »Titel in Österreich« vom simplen »Dr.« über den zum militärischen Dienstgrad »MjrVet« (Majorveterinär) bis zu »OSonderKdg« (Obersonderkindergärtnerin) in einer groben Übersicht, wie er es nennt, insgesamt gleich 900 akademische Grade, akademische Ehrentitel, sonstige Ausbildungsbezeichnungen, Diensttitel, Dienstgrade, Standesbezeichnungen und Titel von Kirchen und Religionsgemeinschaften auf.

In der zweiten Republik kam es allmählich zu einer Inflation der Titel in einem Ausmaß wie zuvor nur gegen Ende der Monarchie. War früher zum Beispiel der Titel »Magister« den Pharmazeuten vorbehalten, so wurde er später an allen Hochschulen verliehen. Dieser »Magister« für Nicht-Pharmazeuten wiederum erfuhr kürzlich eine Ablösung durch den Master, ein Titel, den nicht nur Universitäten, sondern auch Fachhochschulen verleihen dürfen. Die Streichung des Zusatzes »FH« bei der Fachhochschulversion erhitzte die Gemüter von Uni- und FH-Vertretern. Am Ende entstand ein für alle Beteiligten schwer durchschaubares Titelregelwerk.

Der klassische Arzt, der sich früher mit einem »Dr.« begnügte, hat heute nach einigen Dienstjahren beste Chancen, »Medizinalrat« oder »Obermedizinalrat« zu werden, zum »Professor« kann der Bundespräsident ohnedies jedermann ernennen, und beim Kommerzialrat hat selbst sozialdemokratisches Urgestein schon alle Hemmungen sausen lassen: Herbert Kaufmann, ehemaliger roter Arbeiterkämmerer in Niederösterreich und später eher erfolgloser Chef des Wiener Flughafens, ließ sich den Titel verleihen.

Ein verblüffendes Beispiel aus dem Jahr 2010: Nehmen wir an, Sie möchten die Vorteile des Internet nutzen und ganz bequem online Karten für einen Besuch des Burgtheaters bestellen. Dazu müssen Sie sich bei Ihrer ersten Bestellung natürlich erst einmal identifizieren, sprich: registrieren. Das Anmeldeformular erscheint, und Sie beginnen es auszufüllen. Punkt 1 ist die Anrede, das ist klar, Punkt 2 ist eine Überraschung. Denn beim Feld »Titel« öffnet sich eine kleine Datenbank mit über 200 Auswahlmöglichkeiten. Kein Wunder, können Sie doch ein »Abg.« sein, oder ein »Abgeordneter«, ein »Botschafter«, ein »Botschaftsrat«, »eine Botschaftsrätin«, ein »Bundesminister a. D.«, ein »Bürgermeister«, ein »Gouverneur«, ein »Intendant«, ein »Kammersänger«, ein »Landeshauptmann Stv.« ein »Lord«, ein »Pastor«, eine »Pastorin«, ein »Senator h.c. Prof. Dr. Dr.« oder ein »Vizebürgermeister«. Das ist für die Kartenbestellung an der Burg natürlich schon wichtig.

Zur Titel- passt die Ordenssucht, von der wir in der Monarchie genauso geplagt waren wie heute. Der »Urorden« der Habsburger, auf dem alle folgenden Auszeichnungen aufbauten, ist das »Goldene Vlies«. Es handelte sich ursprünglich um einen 1430 von Philipp dem Guten begründeten und von seinem Sohn Karl dem Kühnen bis 1477 geleiteten Orden im Wortsinn einer Gemeinschaft. Ziel des Ordens war die Erhaltung des katholischen Glaubens, der Schutz der Kirche und die Wahrung der unbefleckten Ehre des Rittertums. Die Zahl der Ritter war ursprünglich auf 30 begrenzt, Symbol des Ordens war eine Kette mit 31 Gliedern und einem goldenen Widder als Anhänger – ein Glied für jeden Ordensritter und zwei für den Ordenssouverän. Die Habsburger führten diesen Orden bis ans Ende der Monarchie weiter. Der letzte regierende Habsburger, Kaiser Karl, legte noch bei seiner Emigration in die Schweiz im Jahr 1919 größten Wert darauf, das »Goldene Vlies« mit im Gepäck zu haben. Derzeit aktueller Träger ist seit 30. November 2000 Karl Habsburg-Lothringen, der Urenkel des letzten Kaisers.

Das Ordensabzeichen stellt das Bindeglied zwischen den beiden heutigen Bedeutungen des Wortes »Orden« dar. Nämlich einerseits jenem des Ritterordens und andererseits jenem der adeligen Höchstrangigkeit, die unantastbar ist und ihren Träger als Mitglied einer Gemeinschaft ausweist, die dem Erzadel und seinen Regenten praktisch gleichgestellt ist. Die spanischen Ordensritter etwa erhielten von König Philipp das Recht, jederzeit unangemeldet in die Gemächer des Palastes einzutreten und ihr Haupt vor dem König entgegen der Usancen bedeckt zu halten.

Der Drang und Wille, sich mit Orden zu behängen, führte in den späten Jahren der Habsburger-Monarchie zu so skurrilen Auswüchsen wie die Titelmanie. Weil jeder seine linke Brust mit möglichst hochwertigen Dekorationen schmücken wollte, kam es im Laufe der Jahrzehnte zu einem Wildwuchs der Kreationen, die bis heute anhält. Allerdings hatten Orden zu damaliger Zeit fast ausschließlich militärische Bedeutung und waren nur mehr plakativ als gemeinsames Symbol einer verschworenen Gemeinschaft zu verstehen.

In der k. u. k. Hierarchie gab es hunderte Auszeichnungen für Kriegsdienste, sie reichten vom »Maria Theresia Orden« in Gold und emailliert bis hin zum »Militärverdienstkreuz« dutzender verschiedener Klassen. Für jede einzelne Verwundung im Krieg wurde dabei eine eigene Kategorie eingeführt, jeder sollte an der Brust des Trägers ablesen können, wie viel Blut der Soldat im Kampf gelassen hatte. Viele dieser Orden werden heute via Internet als Kopie zum Kauf angeboten, das »Eiserne Verdienstkreuz mit Dreiecksband« aus dem Jahr 1916 etwa kostet 35 Euro, für die »Silberne Tapferkeitsmedaille Kaiser Franz Josef erster Klasse« werden schon 100 Euro abgebucht. Das Geschäft mit den Ordens-Devotionalien aus der Monarchie blüht, ihre »Rechtsgültigkeit« im modernen Sinn haben diese Auszeichnungen natürlich längst verloren. Umso größer ist die Nachfrage nach den Orden ziviler Natur, die unsere Republik zu vergeben hat und die jetzt als Substitut für das monarchische Gehänge herhalten müssen. Außer in absolutistischen Operettenstaaten der Dritten Welt gibt es im Jahr 2010 nirgendwo mehr Ordensvariationen als in Österreich. Die jeweiligen »Brustpanzer« beim Wiener Opernball geben darüber Aufschluss, dass es immer noch gilt, Verdienste für das Land in Blech, Bronze, Silber oder Gold für jedermann sichtbar auszuführen.

Die ausufernde Verleihung von Titeln an Beamte und Politiker brachte den sozialdemokratischen Bundespräsidenten Theodor Körner im Jahr 1951 dazu, das »Bundesordensgesetz« zu erweitern, weil – so die Diktion – »die massenhafte Verleihung von Titeln schon so arg« gewesen wäre. Statt einem Namenszusatz sollte es deshalb vermehrt Metall geben.

Als »König der Orden« gilt nach wie vor der »Orden am Bande«, der von rechts oben nach links unten über der Frackweste angelegt wird. Er ist die Spitze der Ordenshierarchie und wird gefolgt von diversen Hals- und Steckorden. Die Verleihung von republikanischen Orden ist im Grunde lediglich eine Zeitfrage: Minister und Staatssekretäre werden nach drei Jahren Tätigkeit mit dem »Schärpenorden« ausgezeichnet, mit teilweise äußerst fragwürdigen Begründungen.

So etwa bekam der damalige Finanzminister Karl-Heinz Grasser seinen Orden dem Vernehmen nach für sein besonderes Anliegen, das Budget zu sanieren und den Wohlstand der Bevölkerung zu sichern und zu steigern. Im Nachhinein stellte sich heraus, dass Grassers »Nulldefizit« gerade mal die

Länge seiner legendären Budgetrede »Ein guter Tag beginnt mit einem sanierten Budget...« gehalten hat und wesentlich durch massive Verkäufe von Bundesimmobilien zustande kam, bei denen es ja ordentlich zugegangen sein soll, es gilt die Unschuldsvermutung. Wenn diese Zeilen erscheinen, wird vielleicht schon klar sein, ob der ewig locker lächelnde KHG seinen ach so wohlverdienten Orden noch immer auf »weißer Weste« wird tragen können oder nicht. Die einstige Staatssekretärin Mares Rossmann wiederum bekam ihren Orden für ihr Verdienst »um die Überarbeitung der Förderungsrichtlinie bei der österreichischen Handels- und Tourismusbank«, Innenminister Strasser für seine – durchaus zweifelhaften – »Maßnahmen zur Kriminalitätsbekämpfung«.

Orden gibt es in der Republik aber auch für das simple Erreichen eines hohen politischen Amtes: Ex-Sozialminister Herbert Haupt gelangte ganz ohne Leistung in den Besitz eines republikanischen Halsordens. Dieser stand ihm einfach dafür zu, dass er Dritter Nationalratspräsident geworden war.

Die ehemaligen und nicht überragend verdienstvollen Staatssekretäre Helmut Kukacka und Karl Schweitzer tragen nur deshalb das »Große Goldene«, weil sie einmal einen parlamentarischen Ausschuss geleitet haben. Lediglich Unterrichtsministerin Elisabeth Gehrer zog sich auf das zurück, was sie vor der Amtsernennung gewesen war: Eine undekorierte Volksschullehrerin. Sie lehnte den »Goldenen am Bande« schlicht ab.

Seltener bedacht werden, wie schon in der Monarchie, Schauspieler, Künstler und Intellektuelle. Wenn sie es denn schaffen, behängt zu werden, sind auch bei ihnen die Begründungen oft recht absurd. Ex-Bundeskanzler Viktor Klima etwa verlieh der deutschen Serienschauspielerin Uschi Glas einen Orden mit der Begründung, sie würde »die haltbarste Ehe in der Branche führen«. Na denn: Die gute Frau ist heute längst geschieden, ob sie den Orden wieder zurückgegeben hat, ist unbekannt.

Zu Ratlosigkeit führt in diesem Zusammenhang auch immer wieder die Verleihung des Ehrenzeichens für Wissenschaft und Kunst. Mehr als einmal soll schon ein Besucher einer solchen Veranstaltung, der von der wissenschaftlichen Exzellenz des zu behängenden Professors nicht restlos überzeugt war, sich zu seinem Sitznachbarn gebeugt und ihm ins Ohr geraunt haben: »Der hat es für Kunst bekommen.«

Derzeit hat die Republik 341 Orden und Verdienstzeichen zu vergeben. Vom Bundesverdienstorden bis zum Goldenen Verdienstkreuz der Stadt Wien wird auf die befrackte Brust geheftet, was das Zeug hält. Und wenn nicht, dann wird eben geschummelt. Fantasieorden vom Flohmarkt um 5 Euro finden ebenso ihre Träger wie exotische Stücke ohne tieferen Sinn und Zweck.

Ein prominenter Ordens-Dealer, ein rühriger Herr namens Hartmut Rochowansky, der auch als Vizepräsident der österreichischen Gesellschaft für Ordenskunde firmiert, erlebt alljährlich in den Wochen vor dem Opernball heftige Nachfragen besorgter Würdenträger nach privilegierendem Metall. So werden dann manchmal Orden en gros gekauft, um beim Fest nur ja nicht »nackert« dazustehen. Immer noch, so schätzt Rochowansky, sind in den Ländern der ehemaligen Donaumonarchie rund 10.000 Orden und Verdienstzeichen im Umlauf. Zwar waren die guten Stücke nach dem Tod des

Trägers ehemals rückgabepflichtig, was nach dem Ende des Kaiserreiches jedoch nicht mehr exekutiert wurde.

Immerhin vermeldet die Nachfolgeorganisation des Hofzahlamtes noch bis zum Jahr 1954, also rund 35 Jahre nach dem Ende der Monarchie, den Eingang von Orden aus dem Kaiserreich. Der große Rest des Brustklunkers aber findet sich bis heute im Nachlass ehemals ausgezeichneter Träger. Die besten Stücke erzielen am Markt auch die höchsten Preise. Wer heute einen Maria Theresia Ritterorden in Gold erstehen will, muss rund 10.000 Euro locker machen. Auch der »Kommandeur-Orden«, er wird am Hals getragen, und das »Großkreuz auf der Schärpe« sind nicht viel billiger zu erwerben.

Besondere Stücke werden mittlerweile längst im Internet versteigert, wo die Devotionalien aus der Kaiserzeit Preise erzielen, die den Materialwert bei weitem übersteigen. Den Altmonarchisten ist der Handel damit jedoch ein Dorn im Auge. Rochowansky: »Es gilt heute wie damals: Orden kriegt man verliehen, man kauft sie nicht.«

Wir sehen also wieder einmal: Es hat sich praktisch nichts geändert seit der Kaiserzeit. Analog zu den durch die Jahrhunderte ersessenen und tradierten Adelsprivilegien bekommt man auch heute noch Titel, Auszeichnungen, Anstecknadeln und Medaillen einfach durch – warten, richtig!

(VER)ORDNUNG MUSS SEIN – BEAMTE, GESETZE UND POLITIKER

Moloch Hofburg

Kaiser Franz Josef übernahm mit erst 18 Jahren sein Reich in einem Zustand, den er sich so wohl nicht vorgestellt hatte – am Rande des Staatsbankrotts.

Die Hofburg beherbergte tausende Menschen, war ein eigener Staat im Staat. Machtgeile Verwaltungsabteilungen arbeiteten eigensinnig und behinderten die Arbeit der anderen, Abteilungsleiter zeigten sich sogar gegenseitig an, die Polizei jedoch blieb bei ihren Ermittlungen machtlos, weil der Kaiserhof tabu war.

Gleich im ersten Jahr seiner Herrschaft beauftragte Kaiser Franz Josef einen seiner engsten Vertrauten, Graf Grünne, mit einer Rechnungshof-Prüfung, weil die Zustände im Verwaltungssumpf immer schlimmer wurden und der Finanzminister warnte, dass die pekuniäre Situation so untermittelprächtig sei, dass ein Konkurs in der Luft liege, wenn nicht sofort Gegenmaßnahmen ergriffen würden.

Der Hofstaat und seine Beschäftigten lebten – im Vergleich zu gewöhnlich Sterblichen außerhalb des kaiserlichen Refugiums – wie im Schlaraffenland. »Kurgäste« in Laxenburg und Baden, Bedienstete des Hofes also, die gratis ihre Leiden auskurieren konnten, hinterließen zum Dank für die umfassenden medizinischen Behandlungen ihre Sommerquartiere so devastiert, dass jene danach generalsaniert werden mussten. In den entlegeneren Gebäuden des kaiserlichen Hofes wie Schönbrunn, Augarten oder Laxenburg fanden Graf Grünne und sein Rechnungshof-Team völlig Hof-Fremde, die bei Beamtenwitwen als »Brüder und Schwestern« oder »Neffen und Nichten« in Untermiete wohnten, oftmals generationenlang, weil einfach nie jemand die Wohnsituation kontrolliert hatte.

Das Hofquartieramt beispielsweise vergab grundlos jedes Jahr Wohnungen neu, die für die nächsten Inhaber zuvor komplett renoviert werden mussten. Das Hofbauamt wiederum hielt Bauarbeitertrupps ohne konkreten Auftrag ständig einsatzbereit, also auf Dauer-Standby, nur für den Fall der Fälle. Kostbare Möbel wurden ohne Quittungen transportiert und kamen – welch Wunder – nie am Bestimmungsort an. Die Hofburgwachen schauten nicht mehr ihrer eigentlichen Aufgabe entsprechend darauf, was oder wer in die Hofburg geschmuggelt wurde, sondern nur darauf, was aus der Hofburg geschmuggelt wurde – und das war alles, was nicht niet- und nagelfest war. Dienstkutschen wurden für private Zwecke genutzt und zuweilen als Taxis zweckentfremdet, Dienstreisen gleich mit der gesamten Familie absolviert; und so weiter und so fort. Alles in allem Zustände, wie sie jeder Österreicher auch heute noch kennt. Also nicht direkt natürlich, aus den Medien halt.

Geld spielte in den Augen der Hofadministration anscheinend keine Rolle. Graf Grünne, für seine schonungslose Offenheit gefürchtet, kritisiert die für die Misswirtschaft Verantwortlichen, immerhin vornehme Mitglieder des eigenen Standes, die Vertreter des höchsten Adels: »... da sie in ihrer Sache nicht immer sehr gewändig bewandert, oft aber auch mit anderen Ämtern überhäuft sind – sich zuweilen verleiten lassen, Manches zu thun und mit dem Gewicht ihres Namens zu vertreten, was besser unterblieben wäre.«

Die Organisation des Hofes

Als Folgerung aus dem Bericht Graf Grünnes über die desaströsen Zustände in Wien wurde in einer Totalreform der kaiserliche Hof im Auftrag Franz Josefs so zentralistisch organisiert wie nie zuvor. Engster Vertrauter und Stellvertreter Seiner Majestät war der Obersthofmeister, dessen Befehl so gut wie alles unterstand, vor allem aber die gesamten Hoffinanzen.

Die Fülle seiner Agenden im Überblick: Das Obersthofmeisteramt war der Olymp der Bürokratie. An der Spitze stand die Kanzleidirektion, deren Kanzleidirektor den Obersthofmeister in dessen Abwesenheit vertreten durfte, also eine sehr gewichtige Position einnahm. Das Hofzeremoniell-Departement beschäftigte sich ausschließlich mit protokollarischen Fragen, und die Hofhilfsämter (Registratur, Expedit, Protokollführung) sorgten dafür, dass jedes ein- und ausgehende Schriftstück so penibel und systematisch erfasst wurde, dass Historiker in den damals angelegten Akten auch heute noch das finden, was sie suchen. Zu den Departements zählte zum Beispiel das Hofrechnungs-Departement, das für das Controlling zuständig war. Aus heutiger Sicht ist es auf den ersten Blick natürlich verwunderlich, dass vor 1867 keine Kontrollinstanz vorhanden war, andererseits: Auch mehr als 140 Jahre danach wundert sich Österreich immer wieder über dubiose Geldflüsse, seien es Millionen-Provisionen in der Buwog-Affäre oder Buchhaltungs-Fragwürdigkeiten beim ÖOC.

Das Hofzahlamt verteilte die »Marie«. Zum Ausdruck Marie gibt es übrigens zwei höchst unterschiedliche Theorien bezüglich seiner Herkunft. Hans Hauenstein schreibt in seinem Wörterbuch zum »Wiener Dialekt«: »Marie – Geld. Kommt daher, weil in früheren Zeiten jeder Soldat seine Marie (sein Liebchen) hatte, die ihm, wenn sie miteinander ausgingen, im Bedarfsfall Geld zusteckte, sodass er bei ›Marie‹ war. War er allein, dann war er eben ohne ›Marie‹ und daher zwangsläufig auch ohne Geld.«

Andere meinen, dass die Bezeichnung »Marie« recht direkt vom »Maria-Theresien-Taler« rührt, weil auf die Münze das Konterfei der Monarchin geprägt war. Das bis 1858 gesetzliche Zahlungsmittel war aus zweierlei Gründen sehr beliebt: erstens blieb der Silbergehalt immer konstant und zweitens sorgte die Prägung des Talers dafür, dass man ihn nicht »bearbeiten« konnte.

Der Maria Theresien-Taler hatte nämlich zusätzlich auch eine Prägung am Rand der Münze, und deswegen konnte niemand am Rand zitzerlweise das Silber abfeilen, so wie das bei anderen Münzen funktionierte. Und weil der Taler also recht fälschungssicher schien, verbreitete er sich bis Afrika und Asien und wurde dort bis ins 20. Jahrhundert als Zahlungsmittel akzeptiert. Von 1751 bis 2000 wurden fast 400 Millionen Maria Theresien-Taler geprägt.

Die alljährlichen sommerlichen Übersiedlungen des Hofes nach Bad Ischl und wieder retour waren eine der Hauptaufgaben für das Departement für Reiseangelegenheiten, das mit der Organisation und Koordination der privaten Reisen der kaiserlichen Familie betraut war.

Das Hofbau-Departement verfügte über Ingenieure, die die royalen Bauten inspizierten. Des Weiteren unterstanden dem Oberhofmeister die hofeigenen Telegrafenämter, die Hofkapelle, die Hofärzte und der sogenannte Saaldienst, also jene Türsteher, welche die privaten und offiziellen Räumlichkeiten der Majestäten behüteten.

In den »Hofadministrationen« waren unterschiedlichste Verwaltungen zusammengefasst. Die Hofapotheke diente der medizinischen Versorgung, die anderen waren volksvergnüglicher Natur: die Hofmusikkapelle, die Praterinspektion und die Menagerie Schönbrunn, der älteste Zoo der Welt. Die Hofbauverwaltung kümmerte sich um die zahlreichen kaiserlichen Liegenschaften wie die Hofburg und die Burg in Budapest, Schloss Schönbrunn, Belvedere, Hetzendorf, Laxenburg, Baden und so weiter. Dazu kamen noch die Hofgartenverwaltung, das Hofjagdamt Gödöllö und die Weinbergverwaltung in Tarczal.

Die »Hofdienste« schließlich dienten Genüssen aller Art. Das Amt des Oberküchenmeisters symbolisierte die Bedeutung der Hofwirtschaft: Der Amtsinhaber musste gräflicher Abstammung sein und stand in der Hierarchie des Hofes an fünfter Stelle, schließlich hatte der Oberküchenmeister die Verantwortung für eines der größten Budgets. Hofkontrollamt, Hofküche, Zehrgaden, Hofkeller, Hofzuckerbäckerei, Brennholz- und Kohlemagazin, Hoflichtkammer, Hofwäschekammer und die Hofsilber- und Tafelkammer unterstanden seinen Dispositionen. Angesichts der ungeheuren Mengen, die der kaiserliche Hof verbrauchte, war die Aussicht, zum exklusiven Kreis der k. k. Hoflieferanten zählen zu dürfen, natürlich das wirtschaftliche Ziel jedes vernünftigen Unternehmers, die damit verbundene Reputation das ökonomische Schlagobers-Hauberl. Und noch heute tragen diverse Unternehmen mit Stolz den Titel »(ehemaliger) k. k. Hoflieferant« – ein Gütesiegel, das immer noch gut fürs Geschäft ist.

Der Oberstjägermeister musste selbstverständlich auch ein Graf sein, lediglich die Generalintendanz der Hoftheater – Hofburgtheater und Hofoper – durfte auch mit Bürgerlichen besetzt werden. Mit durchaus interessanten Folgen, denn Peymanns Ururur…-Vorgänger war eigentlich Antimonarchist und wurde trotzdem Burgtheaterdirektor: 1849 berief man den heftig umstrittenen Heinrich Laube zum künstlerischen Leiter des Hauses am Ring. Mit Folgen, wie wir sie durchaus auch aus der jüngeren Vergangenheit kennen.

Denn Laube war alles andere als ein angepasster, konservativer Theaterverwalter, schon sein früherer Lebensweg stieß den Salonmonarchisten in Wien übel auf: In seiner Studentenzeit war er aktiver Burschenschafter gewesen, also Mitglied einer Bewegung, die sich damals den Idealen der französischen Revolution angeschlossen hatte. Als unbotmäßiger politischer Redakteur wurde er schließlich von der sächsischen Regierung zu sieben Jahren Festungshaft verurteilt, kam aber nach 18 Monaten wieder frei. Schließlich begann er Stücke für die Bühne in Leipzig zu schreiben und zog 1848 gar mit einem deutsch-böhmischen Mandat als Abgeordneter in den Reichstag ein. Wenig später war das Angebot da, die Wiener Burg zu übernehmen.

Laube zögerte keine Sekunde, und unter seiner durchaus streitbaren Ägide entwickelte sich das bis dahin künstlerisch verstaubte Hofburgtheater zur ersten Bühne in Europa.

Der Mythos der »Burg« war geboren, und in den Salons und Kaffeehäusern der Stadt wurden der Spielplan und die Besetzungen Laubes diskutiert, als hätte er Hochverrat begangen. Kaiser Franz Josef, der gerne als Kulturmuffel und Gegner jeder Avantgarde beschrieben wird, hatte dem Vernehmen nach jedenfalls kein Problem mit Laube. Die Kulturnation Österreich verdankt dessen Engagement die Aufführungen der Stücke eines Allstars: Franz Grillparzer.

Und um das Spektrum der obersthofmeisterlichen Agenden zu beschließen: Zu guter Letzt war der Fürst der Befehlshaber der kaiserlichen Garden, die für den Schutz des Kaiserhauses zuständig waren.

Fazit obiger Zeilen: Der Obersthofmeister hatte Aufgaben ohne Ende, und es kann wieder einmal kein Zufall sein, dass ein Kaiser in den 68 Jahren seiner Regierungszeit ganze 4 Obersthofmeister verschliss, obwohl diese ihre Stellung am Hof nur durch schwere Krankheit oder Tod wieder »verlieren« konnten.

Neben dem Obersthofmeister gab es traditionell drei wesentliche Hofstäbe, die durch diese Reform jedoch nur noch minimal eigenständig agieren konnten: Der Oberstkämmerer – »der Hauswissenschaftler« – urteilte mit seinen »Ahnenprobenexaminatoren« darüber, ob jemand hoffähig war oder nicht. Er war der Hüter des kostbaren Hausschatzes der Habsburg-Lothringer und kümmerte sich um die Kunst- und Naturhistorischen Sammlungen des Kaiserhauses.

Der Obersthofmarschall – »der Hausjurist« – stand dem »gerichtlichen Senat für Streitsachen« vor, einer Institution, die sich ausschließlich mit familieninternen Disputen beschäftigte.

Der Oberststallmeister – der »Fuhrpark- und Transport-Manager« – war der Chef der Hofgestüte, des Hofmarstalls (so wurden früher die Hofstallungen genannt, die sich im heutigen Wiener Museumsquartier befanden), sowie der Wagenburg.

Die angeblich riesige Beliebtheit Franz Josefs relativiert sich etwas, wenn man die kaiserlichen Anfänge betrachtet. 1848 mit nur 18 Jahren zum Thronfolger gekürt, hatte der später unumschränkte Herrscher noch mit Popularitätsproblemen in der Bevölkerung zu kämpfen. Als er etwa im Jahr 1853 von einem ungarischen Schneider auf offener Straße in Wien mit einem Messer attackiert wurde, hatte dies drei Folgen: Der Attentäter wurde zum Tode verurteilt und auf der Simmeringer Haide hingerichtet; Franz Josefs Bruder Maximilian startete eine Kollekte unter den höchsten Würdenträgern der Habsburger, um zum Dank für des Kaisers Überleben die Votivkirche bauen zu lassen; und in der Bevölkerung kursierte folgender Spottvers: »Auf der Simmeringer Had hat's an Schneider verwaht. Es g'schieht eahm schon recht – warum sticht er so schlecht?«

Dass Kaiser Franz Josef halt auch so brav und fad war, ist sicher auf seine Erziehung zurückzuführen. Weil Erzherzogin Sophie ihren Sohn Franz Josef schon im Kindesalter als legitimen Nachfolger der Kaiserkrone sah, wurde der junge Bub dementsprechend ausgebildet. Im Alter von nur drei Jahren bekam er die ersten Sprachlektionen erteilt, mit fünf musste er bereits Aufsätze in Kurrentschrift verfassen. Als er zwölf Jahre alt war, umfasste sein Lernpensum bereits 50 Wochenstunden. Es waren längst die Fächer Latein und Griechisch hinzugekommen, auch die praktischen Unterrichtsstunden, wie etwa Reiten, Schießen und Exerzieren, wurden ausgeweitet. Franz Josef war ein gehorsamer, strebsamer Schüler, eben genau so, wie er später ein pedantischer und pflichtbewusster Kaiser sein sollte. Mit Muße oder Freizeitabenteuern konnte der junge Prinz nicht viel anfangen. 1843, also nur fünf Jahre vor seiner Krönung zum Kaiser, schrieb der Streber Franz Josef in sein Schultagebuch: »Wir hatten wieder frey ... Wie doch die Zeit lange vorkömmt wenn man keine Lectionen hat ...«.

Der Kaiser als Chef

Erster Obersthofmeister wurde 1849 Fürst Liechtenstein, der das Sisyphus-Projekt, den ausufernden Hofstaat zu reformieren, in Angriff nehmen sollte. Was ihm nicht gelang, denn es gab letztlich kaum Konsequenzen für nachgewiesenes Fehlverhalten. Der Kaiser sah sich als frommes Oberhaupt einer großen Familie, zu der selbstverständlich auch alle Bediensteten des Hofes gehörten – und Familienmitglieder kann man nicht entlassen.

Berühmtestes Beispiel für eiserne kaiserliche Geduld ist die Geschichte um »Seiner Majestät Ersten Bademeister«, die Franz Josefs letzter Leibkammerdiener Eugen Ketterl beschrieb: »Schon abends vorher war der Badeteppich im Schlafzimmer aufgebreitet worden, und nun traten das ›Tub‹ und der ›Badewaschler‹ in Aktion. Mit diesem Badediener hatten wir immer unsere liebe Not. Dieser Mann, der von der Vorsehung dazu ausersehen war, mit dem Kaiser von Österreich in intimsten persönlichen Verkehr zu treten, hielt sich auch für dazu berechtigt, zwar nicht den Thron zu stützen, wohl aber sich selbst von dem Träger der Krone stützen zu lassen. Dies kam so: Um 3 Uhr früh aufstehen ist namentlich im Winter kein besonderes Vergnügen und nicht jedermanns Sache. ›Wenn einen nun diese nachtschlafende Stunde schon zur Pflicht ruft‹, so dachte dieser wackere Mann, ›gibt es nur ein Mittel, um über die Schwierigkeiten des Frühaufstehens hinwegzukommen: nämlich nicht schlafen zu gehen.‹ Gedacht, getan. Unser ›Badewaschel‹ wurde also ein ständiger trinkfester Gast im benachbarten Vierstöcklkeller. Um nicht einzuschlafen, trank er und seine Methode bewirkte wohl, daß er zwar nicht einschlief, dafür aber mit dem seelischen und körperlichen Gleichgewicht in Konflikt geriet. So vergaß er denn auch in diesem Zustand die schuldige Ehrfurcht vor dem Monarchen und erschien einige Mal in aller Früh in nicht gerade audienzfähigem Zustand vor des Kaisers Gummiwanne. Der ungewohnte Anblick des immerhin originellen Untertanen belustigte anfangs den Monarchen, wenn sich der Mann in einer selbst sehr hilfsbedürftigen Verfassung an seine Dienstleistung heranmachte, und der Kaiser meinte nur ›daß man doch einige Zeitlang auf ihn aufpassen möge, da er wahrscheinlich nichts vertrage‹. Als jedoch ein drittes Mal die mangelnde Standfestigkeit des Badewaschels dazu führte, daß er sich so kräftig an die Arme seiner Majestät anklammerte, daß im nächsten Augenblick die ohnehin kleine Badegelegenheit beinahe zwei Insassen gehabt hätte, war es mit der Dienstleistung dieses Mannes zu Ende. Seine Majestät ließ aber in seiner Güte nicht zu, daß er davongejagt wurde, und verlangte nur, daß ihm eine andere Aufgabe zuteil werde, die ihm den Vorwand nehme, sich nächtlich bis 3 Uhr früh im ›Vierstöckl‹ wach halten zu müssen.«

Wie war das noch einmal? Von wegen Familienmitglieder kann man nicht entlassen? Das kennen wir doch auch! Eine spontane Assoziation wäre da gleich ein gewisser Mathias Reichhold. Sie erinnern sich: Von der breiten Öffentlichkeit unbemerkt anscheinend jahrelang als regionaler FPÖ-Politiker aktiv und schließlich für ein Jahr (Feber 2002 bis Feber 2003) als Verkehrsminister sogar in die österreichische Bundesregierung aufgestiegen. Danach war's dann auch schon wieder vorbei mit der hohen Politik, aber man – in diesem Fall war's die FPÖ / BZÖ-Familie, aber die politische Farbe ist zumindest zwischen rot, schwarz, blau und orange ziemlich austauschbar – konnte den guten Mann ja nicht verkommen lassen, also ging's via Managertum bei Frank Stronachs »Magna Steyr« zum Vorstands-Job bei der ASFINAG.

Die Auflösung dieses Vertrages im Jahr 2007 ließ dann die Volksseele doch etwas köcheln, weil Mathias Reichhold für seinen vorzeitigen Abgang eine Abfertigung von kolportierten 720.000 Euro bekommen haben soll (die exakte Summe wurde natürlich nicht bekanntgegeben, die beiden anderen Vorstandskollegen haben genauso abkassiert). Seitdem hat auch ein politisch interessierter Mensch nichts Großartiges mehr von Herrn Reichhold vernommen, außer dass er Biobauer sein soll. Im August 2010 wurde bekannt, dass Ing. Mathias Reichhold neuer Aufsichtsratschef der Klagenfurter Stadtwerke ist. Es ist doch einfach schön, eine Familie zu haben.

Wer erfand die Beamten?

Im Zuge der Reformen wurde von Seiten des Hofes immer wieder versucht, auch die Titelsucht unter den Beamten einzubremsen. 1850 etwa ging man daran, den Titel »Hofrat« aufzulösen und statt dessen den »Ministerialrat« einzuführen. Die tausenden Hofräte jedoch legten stürmischen Protest ein, worauf der alte Titel ebenfalls belassen wurde. So gibt es bis jetzt beide Titel, ganz so, wie es Staatskanzler Metternich damals prophezeit hatte. »Die Kaiser kommen und gehen. Die Hofräte aber bleiben.«

Woher aber kommen denn eigentlich die ganzen Beamten und all ihre Akten? Wer hat die denn erfunden?

Ein möglicher Ansatz: Der Anthropologe H. T. Wright kam in den 1970er-Jahren zur Erkenntnis, dass es eine räumliche Grenze gibt, bis zu der ein Einzelner herrschen kann. Das war genau die Distanz, die man damals ohne technische Hilfsmittel innerhalb eines Tages bewältigen konnte. Hin und zurück rund 25 bis 30 Kilometer. Analog dazu wurde zum Beispiel 1790 Frankreich in 83 ungefähr gleich große Départements aufgeteilt, damit die Außengrenze von der Hauptstadt der neuen Verwaltungseinheit nicht weiter als einen Tagesritt zu Pferd war. Wollte der Herrscher sein Reich ausweiten, musste er sich auf andere verlassen, die an weiter entfernten Orten die Kontrolle in seinem Namen ausübten. Das konnten nun Familienmitglieder sein oder Untergebene, und da wären wir schon bei den Beamten, die dem Wortsinn nach Diener beziehungsweise Gefolgsleute und seit Jahrtausenden in allen Hochkulturen mit von der Partie waren.

Der Habsburger Herrscher, der zur Verwaltung seines riesigen Reiches das Beamtensystem als Erster so perfektionierte, dass er die Welt von seinem Büro aus regieren konnte, heißt Philipp II. »Yo, el Rey« – »Ich, der König« lautete die Signatur, die jedes Dokument trug, das den Escorial, den ersten

Bürotower der Welt, verließ. Der spanische König ließ den imposanten Komplex ins Nirgendwo stellen.

»Es ist weder nützlich noch ehrbar, in seinem Königreich herumzureisen.« Philipp beendete die Tradition seiner Vorfahren, mit dem gesamten Hofstaat von Residenz zu Residenz zu reisen. Nix mehr von wegen pompösem Auftreten an der Spitze eines gigantischen Trosses. Er wollte mit Vernunft von einem fixen Ort aus die Geschicke seines Reiches lenken, dass so groß geworden war, dass er ohnehin nie rechtzeitig in einem x-beliebigen Krisenherd hätte ankommen können.

Und Philipp begriff, dass er die Handlungsweisen der Menschen in so unterschiedlichen Zivilisationen in Europa, Afrika, Asien oder Amerika nur dann verstehen konnte, wenn er deren Kultur und Geschichte kannte. Also ließ er – als erster Monarch überhaupt – Wissen systematisch erfassen und erfand die ersten Fragebogen der Geschichte, die in einem Zentralarchiv des Hofes ausgewertet und gesammelt wurden.

Philipp II. wurde »Papiermonarch» genannt und das rund 300 Jahre vor jenem Mann, dessen Faible für Aktenbearbeitung berüchtigte Ausmaße besaß – Kaiser Franz Josef.

Weil wir gerade bei den Begriffsklärungen sind: Der französische Wirtschaftswissenschaftler Vincent de Gournay soll im 18. Jahrhundert das Wort »Bureaucratie« geprägt haben, das gleich danach ins Deutsche als »Bürokratie« übernommen wurde. Der Begriff, übersetzt: »Büro« aus dem Französischen für Schreibtisch beziehungsweise Arbeitszimmer und »kratie« vom Griechischen »krateia« für Herrschaft, Gewalt oder Macht. Die Bürokratie also als Inbegriff von Schreibtisch-Herrschaft, Büro-Gewalt oder Amts-Macht.

Vincent de Gournay hat das neue Wort wohl auch nicht bewundernd gemeint, er galt vielmehr als Befürworter des wirtschaftlichen Liberalismus nach dem Motto: »Laissez faire, laissez passer, le monde va de lui-même« (»Lass es geschehen, lass es vorübergehen, die Welt wird von alleine weitergehen«).

Ebensowenig bewundernd ist der Begriff »Amtsschimmel«, bei uns seit dem 19. Jahrhundert in aller Munde, gemeint. Der österreichische Kommentar zum Beamtentun par excellence entwickelte sich möglicherweise aus dem Wort »Simile«, wie im alten Österreich das Musterformular hieß, nach dem ständig gleiche Angelegenheiten auch ständig gleich erledigt wurden. Beamte, die immer nach Schema F verfuhren, hießen deswegen »Schimmelreiter«. Beides hat wohl nicht von ungefähr mit dem Bild vom hohen Ross der Bürokratie zu tun …

Schon damals war gegen die Bürokratie kein Kraut gewachsen. Mit einer Anstellung bei Hofe hatte jeder ausgesorgt, denn niemand sonst konnte die Sicherheit einer lebenslangen Anstellung bieten, wobei selbst schmale Löhne oder Pensionen bei Bedarf vom Kaiser aufgebessert wurden. Versuche, die Leistungen einzudämmen, wurden immer wieder unternommen, aber ebenso wieder zurückgenommen. Hofpersonal zum Beispiel hatte Anspruch auf Versorgung der Familie, also erließ Obersthofmeister Fürst Liechtenstein gleich zu Beginn seines Wirkens ein Heiratsverbot für die Dienerschaft. Neun Monate später gab's genauso viele Kinder, sie waren lediglich unehelich statt ehelich geboren, das Verbot wurde wieder aufgehoben.

Summa summarum: Wohnung gratis, Brennholz gratis, Medikamente und ärztliche Versorgung gratis, und auch das Essen war gratis bis günstig: Es gab drei Essenskategorien, die kaiserliche Variante und zwei billigere. Die Portionen waren so großzügig, dass man sie mit einem Zweiten teilen konnte. Zum Beispiel mit den Frauen in den Dienstwohnungen. »Halb Wien lebte eingestandenermaßen von der Hofküche und vom Hofkeller«, so Nora Fürstin Fugger.

Das patriarchalisch-christliche Selbstverständnis des Kaisers hatte damit auch seinen in Zahlen ausdrückbaren Preis. Geschätztes Hofbudget: umgerechnet 63 Millionen Euro in den 1850ern. Die Situation der Staatsfinanzen wurde immer prekärer.

Die Zeiten waren für den Kaiser überhaupt hart. Obwohl sich Franz Josef fast immer in seiner berühmten Uniform abbilden ließ – er war ja schon als Kind von ihr begeistert –, kann man ihm kaum überragende Fähigkeiten als oberster Feldherr attestieren. 1866/67 erlitt er gleich mehrere Niederlagen in der Außen- und Innenpolitik. Die Auseinandersetzung mit Preußen endete in einem Desaster, die aufmüpfigen Ungarn forderten Selbstständigkeit und das österreichische Volk endlich eine Verfassung beziehungsweise die Umwandlung der absoluten Herrschaft in eine konstitutionelle Monarchie. Und der erste Obersthofmeister, Fürst Liechtenstein, war verstorben. Alles in allem also Feuer am Dach!

Der neue Obersthofmeister

Und dann kam ein Piefke! Prinz Konstantin zu Hohenlohe-Schillingsfürst, der jüngste Spross eines der ältesten deutschen Fürstenhäuser, wurde 1867 neuer Obersthofmeister des Kaisers. Und mit ihm kam eine wahre Reformwelle innerhalb des bis dahin starren und unflexiblen monarchistischen Apparats: Der smarte Adelige schnürte das erste drastische Sparpaket, um den ständig an der Grenze zum Bankrott balancierenden Hof zu reformieren.

Die Bestellung Hohenlohes war zweifellos einer der klügsten Schachzüge Kaiser Franz Josefs, der ansonsten eher nicht für seinen politischen Weitblick in die Geschichte eingegangen ist. Denn auch wenn heutige Gewerkschaftskaiser wie Wilhelm Haberzettl oder Fritz Neugebauer mangels Arbeitnehmer-Organisationen in der Monarchie keine Entsprechungen fanden, hatte es doch auch der Kaiser mit Gruppen ähnlich unseren ÖBB-Bediensteten oder Angehörigen des Öffentlichen Dienstes zu tun, die stur auf sogenannte »wohlerworbene Rechte« beharrten oder sich aus anderen egoistischen Gründen gegen Sparpläne, die der Allgemeinheit gedient hätten, querlegten. So protestierte Oberstallmeister Graf Grünne – ja, genau jener Graf Grünne, der im Auftrag des Monarchen Jahre zuvor die fast anarchischen Zustände bei Hofe untersucht hatte – bitter gegen den Vorschlag, die Hälfte seiner Lipizzaner aus Kostengründen einfach einzusparen. »Mitten im Jahre verkaufen, verschleudern, zerstören, was ich in zwanzig Jahren mühsam geschaffen«, jammerte er.

Mit der Person Hohenlohe setzte Franz Josef allerdings auf ein ebenso schlüssiges wie wirkungsvolles Reformkonzept. Hohenlohe genoss hohes Ansehen bei Hof und in der Bevölkerung, ohne gleichzeitig mächtigen Netzwerken und eingeschworenen Seilschaften anzugehören. Deshalb hatte er das entscheidende Problem nicht, an dem zum Beispiel die von allen Regierungen der jüngeren Vergangenheit groß ins Programm geschriebene Staats- und Verwaltungsreform in Österreich jeweils schon im Ansatz scheiterte: Hohenlohe musste es niemandem Recht machen und konnte deshalb ungehindert radikal agieren.

In unserer Republik gab es ungezählte ähnliche Versuche, aber sie fielen durchwegs halbherzig aus. Bei den ÖBB zum Beispiel sollte 2001 der Deutsche Rüdiger vorm Walde unbehindert durch Selbstbedienungsreflexe in der staatlichen österreichischen Freunderlwirtschaft durchgreifen. Das Experiment wurde 2004 als gescheitert betrachtet, vorm Walde musste anderthalb Jahre vor Vertragsende gehen, bekam zum Abschied aber kolportierte 1,2 Millionen Euro »Schmerzensgeld«. Neuer Generaldirektor wurde Martin Huber, und weil der von der ÖVP kam, schrieen SPÖ und Grüne laut »Postenschacher«, was dann wiederum das kleinste Problem gewesen wäre, denn 2007 wurde beispielsweise bekannt, dass die ÖBB über die Deutsche Bank 612,9 Millionen Euro aus »Cross-Border-Leasing«-Geschäften in »Collateral Debt Obligations«, also in sehr risikoreiche Finanzprodukte, investiert und damit in der Bankenkrise viele, viele Millionen verloren hatte.

Dann war da noch ein etwas erklärungsbedürftiges Immobiliengeschäft Hubers im Umfeld der ÖBB unter Beteiligung seiner Ehefrau und schließlich erklärte er 2008 seinen Rücktritt und bekam, dem Vernehmen nach – ich war ja nicht dabei – Abfindungs-, Prämien- und Pensionszahlungen. Und einen Beratervertrag.

Hubers Nachnachfolger Christian Kern rechnete in seiner ersten Pressekonferenz im September 2010 mit den Sanierungsmaßnahmen seiner Vorgänger ab. Die Verwaltung sei ein einziger »Selbstbeschäftigungszirkus« und »Kompetenzen und Verantwortlichkeiten sind so lange verkleinert worden, bis die rechte Hand nicht mehr wusste, was die linke tut. Wir haben die Buchhaltung und das Rechnungswesen nicht im Griff, wir wissen heute nicht, womit wir Geld verdienen. Es gibt kein Kennzahlen-Management.« Klingt so ähnlich wie 150 Jahre zuvor.

Zurück zu unseren Piefkes. Der Begriff »Piefke« kommt übrigens höchstwahrscheinlich vom deutschen Militärmusiker Johann Gottfried Piefke, der 1866 zur Feier des preußischen Sieges in der Entscheidungsschlacht des Deutschen Krieges gegen den Deutschen Bund und Österreich den Königgrätzer Marsch komponierte und von da an mit seinem Namen für preußische Korrektheit und gegen österreichische Gemütlichkeit stand. Mit welchem Hintergedanken die anno dazumal durch den Safaripark bekannte Stadt Gänserndorf dem Piefke-Musikus 2009 sein erstes Denkmal widmete, konnte ich indessen nicht erhellen.

Der andere Piefke, nämlich Hohenlohe, lief zu Hochform auf. Beflügelt vom Erfolg und bestärkt durch den Kaiser nahm sich der Fürst die ultimative Reform des Hofbeamtentums vor. Bis dahin hatte es im Hofzahlamt einen unüberschaubaren Wildwuchs an Dotationen, Entschädigungen und Zuwendungen für die schlecht bezahlten, aber dennoch bis ans Lebensende abgesicherten Beamten gegeben. Das sollte sich drastisch ändern.

Dazu brauchte der Obersthofmeister natürlich auch Menschen, die ihren Beruf auch gelernt und nicht nur aufgrund irgendwelcher Gefälligkeiten eine Stellung bei Hof ergattert hatten. Woher die nehmen? Aus Wien wohl kaum. Also suchte Fürst Hohenlohe nach jungen Leuten, die ihren Job ihrer Ausbildung und nicht ihrem Stande verdankten, und fand sie auf den fürstlichen und gräflichen Gütern. Denn dort hatten die hohen Herrschaften natürlich durchas eigenützig den intelligentesten Kindern ihrer Angestellten eine ausgezeichnete Schulbildung finanziert, um die Bauernsöhne anschließend in ihren Verwaltungen zu beschäftigen.

Hohenlohe nutzte die karrierehungrigen Landeier, um das Obersthofmeisteramt mit Beamten eines völlig neuen Typs zu besetzen: Menschen mit Talent und Engagement, »frischg'fangt« und von höfischen Unsitten völlig unverdorben. Mit den besten Buchhaltern an seiner Seite durchleuchtete er das System bis an die Wurzeln. Er schuf ein »Rechnungs-Departement«, sozusagen einen Rechnungshof, der als Kontrollorgan über die Einnahmen und Ausgaben der »Hofcassa« wachte. Außerdem ließ er die Gehälter der untersten Hofklassen deutlich anheben und strich im Gegenzug die teils absurden Zulagen. Kleiner Auszug aus den Zuwendungen, die bis dahin gezahlt wurden: Brennholz-, Kerzen-, Essens-, Kinder-, Waisen-, Stiefel-, Uniform-, Mäntel-, Schuh-, und Möbelzulagen machten die Transparenz bei der Besoldung von Hofangestellten unmöglich. Mehr noch: sie wirkten demotivierend. Denn es ging ja nicht mehr um das Grundgehalt eines Bediensteten, sondern einzig und allein darum, wie clever er beim Aufspüren immer neuer Zulagenressourcen war.

Gehaltsaufbesserungen

Wir machen eine kleine Zeitreise ins 21. Jahrhundert: Die Pferdekutsche von gestern ist das Automobil von heute. Ein Gespann von locker 200 Tieren passt mittlerweile unter die Motorhaube eines Mittelklassewagens und muss nicht mehr gefüttert, gestriegelt oder zu jeder Ausfahrt eingeschirrt werden. Man sollte also meinen, so ein Chauffeur hätte es heutzutage ein wenig leichter als damals.

Das kann aber eigentlich nur ein Irrtum sein, wirft man einen Blick in den Nebengebühren-Katalog der Stadt Wien, jener Metropole des einst stolzen Kaiserreiches, wo auch nach der Abschaffung des Adels noch immer fürstlich entlohnt wird. Dieser Katalog ist rund fünf Zentimeter dick, zwei Kilogramm schwer und hat es mit einer Liste von mehr als 1500 Zuverdienstmöglichkeiten für städtische Bedienstete in sich.

So erhält ein Mitglied der »Beamtengruppe Kraftwagenlenker, dem ein Dienstkraftfahrzeug zur selbstständigen Lenkung zugewiesen wird« – kurz: ein Taxler im Magistratsdienst – immerhin eine monatliche Zulage von 88,96 Euro. Was aber macht die Tätigkeit, im Auftrag der Stadt Wien vier Räder über den Asphalt zu bewegen so mühselig, dass diese Belastung durch einen zusätzlichen Obolus aufgewogen werden muss? Ist nicht für normale Menschen das Auto sogar ein Statussymbol?

Möglicherweise wird mit den 88,96 Euro ein kleiner Beitrag zu den Therapiekosten der armen Chauffeure geleistet. Man stelle sich vor, bei jeder Fahrt das Gezeter des Bürgermeisters ertragen zu müssen, dem wieder einmal ein Bundeskanzler über die Leber gelaufen ist. So etwas schlägt aufs Gemüt und ist ohne laufende Betreuung durch einen erfahrenen Psychologen wahrscheinlich gar nicht zu bewältigen. Eigentlich sollte eine solche Tätigkeit sogar unter die Schwerarbeiterregelung fallen.

Schwerstarbeit scheint aber nicht nur zu sein, Politiker durch die Gegend zu kutschieren, sondern auch, sie zu verpflegen. Wer für das Mittagsmenü von Bürgermeister und Stadträten Schweinehälften in den Fleischkessel wuchtet, darf sich zumindest über ein Trinkgeld freuen, »Erschwerniszulage für das Küchenpersonal« genannt und mit monatlich 38,18 Euro vergleichsweise bescheiden dotiert. Was es übrigens in der modernen Stadtregierung nicht mehr gibt, ist der Beruf des Vorkosters. Die entsprechende Cholesterin-Zulage würde ja auch jedes Budget sprengen.

Nun ist das Mittagessen gelaufen, wir fühlen uns gestärkt und unternehmen einen kleinen Verdauungsspaziergang. Unser Auto lassen wir stehen, und zwar an einer Baustelle. Flugs nähern sich, kaum, dass wir um die nächste Ecke gewandert sind, zwei freundliche Herren der Magistratsabteilung 48, um das Fahrzeug mitzunehmen. Als liebe Menschen, die auch gerne die andere Backe hinhalten, freuen wir uns natürlich, dass wenigstens einer der beiden eine schöne Zulage bekommt. Zwar erhält der Beifahrer eines Abschleppfahrzeuges nur 4,14 Euro, aber das pro Stunde und – Achtung! – noch einmal ganz genau aufgepasst – es handelt sich hier um den Beifahrer!

Sind die Fahrer der Abschleppwägen wirklich so unangenehme Zeitgenossen, dass der Umgang mit ihnen zusätzlich entlohnt werden muss? Oder sind es vielleicht jene Abschlepp-Beamten-Sozius-Sitzer, die, während ihr Kollege den Wagen auf die Ladefläche wuchtet, die erbosten Fahrzeugbesitzer auf Basis ihrer fundierten pädagogischen Ausbildung diplomatisch beruhigen müssen? Warum Lenker von Bücherei-Autobussen die exakt selbe Vergünstigung erhalten, ist jedenfalls ein noch größeres Rätsel. So viel schlechte Literatur kommt ja nun auch nicht auf den Markt, dass man andauernd auf renitente Leser einwirken müsste.

Wie auch immer: Die Straße als Arbeitsplatz zahlt sich aus. Übrigens auch für menschenscheue Staatsbedienstete. Für »Lenker von Winterdienstfahrzeugen ohne Mitfahrer« gibt es einen Zuschuss von 4,61 Euro in der Stunde. Dabei handelt es sich um eine »Einsamenzulage zum Schutz vor Winterdepression«.

Ist einem Beamten das doch zu einsam, mag er Menschen trotzdem nicht so richtig und will er dennoch etwas dazu verdienen, böte sich vielleicht ein Posten als Portier im Lainzer Tiergarten an. Ein Job wie für Schneewittchen: Mitten in der Natur mit einer Menge putziger Rehlein, Häschen und dem gelegentlichen Wildschwein zusammenleben, zusätzlich versüßt durch die schöne Zulage von 255,68 Euro monatlich.

Ein kleines Taschengeld nebenbei kann er sich dort auch noch verdienen, sozusagen eine Zulage zur Zulage. Dafür muss er allerdings die Freundschaft zu den lieben Tierchen nachhaltig aufs Spiel setzten. 16,42 Euro gibt es nämlich als »Schussgeld pro Stück Rot- und Dammwild«.

Aber auch ohne Liebe zur Natur und ohne jeglichen Killerinstinkt lässt es sich gut leben. Im Innendienst erwartet den glücklichen Beamten überhaupt das Paradies auf Erden, zum Beispiel »Bedienstete, die im Parteienverkehr ständig mit der Annahme und Leistung von Barzahlungen betraut sind«. Um dies einigermaßen verständlich zu übersetzen: Solche

Menschen werden im Bankenjargon gemeinhin als »Kassier« oder »Schalterbeamter« bezeichnet.

Doch damit endet die berufliche Ähnlichkeit zwischen Bankbeamten und Beamten ohne Bank auch schon wieder, denn während der Geldinstituts-Schalterbeamte persönlich für das Geld haftet und verlorene Euros vom Lohn abgezogen bekommt, geht man beim Kassier im Staatsdienst von vornherein davon aus, dass er den einen oder anderen Geldschein verschlampt. 132,85 Euro erhält er monatlich als »Kassierzulage« zur »Abgeltung der bei der Abwicklung des baren Zahlungsverkehrs entstehenden Verlustgefahr«. Um noch einmal kurz auf den Straßenverkehr zurück zu kommen, wäre das ungefähr so, als wenn man einem Chauffeur monatlich eine Stoßstangenreparatur pauschal zubilligte, weil das Einparken so überhaupt nicht das Seine ist.

Wie wir alle wissen, muss man in unseren modernen Zeiten aber nicht unbedingt autofahren oder Geld verlegen, um Schaden anzurichten. Wozu gibt es denn Computer? Ganz klar, um dieses moderne Teufelszeug zu bändigen, braucht es geschultes Fachpersonal. Wobei, das ist so nicht ganz richtig, es braucht ganz einfach Personal, geschultes und nicht-geschultes, und hier muss der öffentliche Arbeitgeber penibel differenzieren, wie wir gleich sehen werden. Grundsätzlich wirft die Stadt Wien den Künstlern an ihren Tasteninstrumenten eine zusätzliche Monatsgage von 111,48 Euro in den Hut. Also, mindestens! Denn diesen Betrag erhalten jene Bildschirmarbeiter, die »ausschließlich Geräte zur Datenerfassung bedienen«. Also … alle!?

Wer nicht »alle« sein möchte, kann sich spezialisieren und bekommt dafür noch mehr Geld aufs Konto: Ein »Operator« monatlich 207,25 Euro, ein »Hardwaretechniker« 236,91 Euro und ein »Systemtrainer« 296,14 Euro. Ob ein guter »Systemtrainer« eine Festplatte durch einen Reifen springen lassen kann, ist leider nicht bekannt.

Jedenfalls, wer Computer nicht nur bedient, sondern sie auch noch beherrscht, ist überhaupt fein raus. »Personen die mehrere Programmiersprachen in Theorie und Praxis beherrschen« bekommen eine Zulage von monatlich 414,66 Euro. Wissen ist vielleicht nicht immer Macht, sorgt aber zumindest für ein gut gefülltes Geldbörserl. Doch auch wer im WIFI-Computerkurs gerade einmal die erste Stunde anwesend war, soll nicht leer ausgehen. Das Gerät einschalten und ein Word-Dokument öffnen zu können, reicht vollkommen aus, um sich das Gehalt aufzubessern: Monatlich 192,29 Euro gibt es als »Zulage für Bedienstete, die Maschinen der automatischen Textverarbeitung bedienen, wenn sie ausschließlich Maschinen der automatischen Textverarbeitung bedienen«. Bei dieser charmanten Ansammlung von Wortwiederholungen fragt man sich nebenbei, ob es auch eine Zulage pro Nebensatz gibt.

Wir bleiben im Innendienst der Stadt Wien und widmen uns einer Gerätschaft, die über weit weniger Tasten verfügt als ein Computer – der Heizanlage. Wer eine solche bedienen kann, darf sich über die sogenannte »Heizzulage für die Bedienung von Zentralheizanlagen« freuen, monatlich 10,86 Euro. Es gibt aber noch weitere hochkomplexe Gerätschaften, die gebändigt werden wollen, zum Beispiel der gemeine Staubsauger. RaumpflegerInnen erhalten eine monatliche Schmutzzulage von 27,85 Euro. Eigentlich nicht viel dafür, dass ihnen offenbar vorher keiner gesagt hat, dass beim Raumpflegen Dreck im

Spiel ist. Die wirkliche Gefahr lauert dann auch ganz woanders, aber zum Glück gibt es ja Gefahrenzulagen. Zum Beispiel für die Bediensteten der MA 13, die für »Bildung und außerschulische Jugendbetreuung« zuständig ist. Gut, Jugendbetreuung kann heutzutage durchaus gefährlich sein, wenn etwa Österreichs Zukunft mit ihren Aufsichtspersonen den neuesten Actionstreifen nachspielt. Überraschenderweise erhalten die Gefahrenzulage von monatlich Euro 73,93 allerdings nicht die Betreuer, sondern jene Kollegen, die »als Fotografen oder Kameraleute verwendet werden«. Vielleicht hat der Gesetzgeber dabei an überraschende Besuche von Naomi Campbell oder Russell Crowe gedacht, die ja bekanntlich mit Fotografen nicht gerade zimperlich umgehen und vermutlich auch keine Unterscheidung danach treffen, ob die lästigen Knipser für die Yellowpress oder den Magistrat Wien arbeiten.

Apropos Stars: In der sicheren Distanz vom Kinosessel zur Leinwand sieht man sie ja gerne. Umso lieber, wenn man dafür angemessen entlohnt wird. »Kinorevisionsgebühr für regelmäßige Kinorevision außerhalb der normalen Arbeitszeit« nennt sich das und impliziert die Erschwernis, sich zur Abendvorstellung einfinden zu müssen. Pro überprüftem Saal gibt es 20,96 Euro, ab sechs 62,90, ab elf 83,88 Euro und für Zelluloid-Junkies, die gar vierundzwanzig Säle bewältigen 125,80 Euro. Cineasten kommen also auch dann auf ihre Kosten, wenn die Filme nicht das halten, was der Verleih verspricht. Eine Popcorn-Zulage habe ich nicht gefunden.

Jetzt sagen Sie natürlich als Insider: »Das ist doch der ›Nebengebühren-Katalog‹ aus dem Jahr 2004! Das ist doch alles längst ganz anders!« Dann sage ich: Das möchte ich Ihnen gern glauben – ich wollte ja nur einmal dokumentieren, wie arg das alles damals noch war!

Und damit ich hier auch nicht falsch verstanden werde: Keinesfalls neide ich den p. t. Bundes-, Landes-, Gemeinde- und sonstigen Bediensteten öffentlicher Körperschaften auch nur einen Cent ihres – verglichen mit der Privatwirtschaft – durchaus bescheidenen Einkommens. Ich wollte nur aufzeigen, dass sich auch hier im Prinzip seit der Monarchie nichts geändert hat. Hätten die Damen und Herren ein ansprechendes Grundgehalt, müsste dieses nicht wegen jedes Extrahandgriffes aufgebessert werden.

Spar-Paket

Wir sind wieder zurück in der Monarchie: Jeder Stab musste als Folge von Hohenlohes Wirken finanzielle Einbußen hinnehmen, insgesamt drückte der Obersthofmeister die Ausgaben gleich einmal von 7,4 Millionen Gulden auf 4,9 Millionen Gulden. Gnadenlos strich er jeder Abteilung am Hof 36 Prozent ihrer Dotation, ließ den Stallmeister trotz Protests die Hälfte seiner Lipizzaner und anderen Pferde verkaufen oder versteigern, kürzte die Ankaufsbudgets der Kunstsammlung und der Hofbibliothek drastisch und durchforstete den Wildwuchs des höfischen Beamtenapparates. Ungeachtet der vielen Reformverweigerer, die ihre »wohlerworbenen Rechte« beschnitten sahen, ging Hohenlohe sogar daran, den höchsten Mitgliedern des Hofes ein Sparpaket vorzuschreiben: Alle Erzherzöge und Erzherzoginnen mussten auf ein Drittel ihrer üppigen Apanagen verzichten.

Ein einziger Budgetposten wurde nicht dezimiert: der Wiener Tiergarten in Schönbrunn, was Hohenlohe folgendermaßen begründete: »Diese Sammlung erfreut sich stets der größten Teilnahme des Publikums, zumal dieselbe an Sonn- und Feiertagen von vielen Tausenden Menschen besucht wird. ›Panem et circenses‹ ist der alte, aber ebenso politische als volkstümliche Spruch und diesem wird, neben Theaterspielen, auch durch das Spektakel einer Menagerie genügt.... Solche Volksbelustigungen dürften nicht gänzlich aufzulassen sein. Die – nicht übertriebenen – Kosten hiefür haben ihren Grund.«

Anders gesagt: The show must go on!

Entlohnt wurde fortan nach dem Leistungsprinzip. Vor allem die niedrigen Gehälter wurden so weit angehoben, dass die Bediensteten auch davon leben konnten und sich nicht nach zusätzlichen Einkommen umsehen mussten. Selbst die adeligen Beschäftigten bei Hofe wurden nun entlohnt, allerdings wurden diese Gelder »Repräsentationsgelder« genannt, weil sich die Aristokraten weigerten, sich auf dieselbe Stufe mit Nichtaristos wie zum Beispiel Dienern stellen zu lassen.

Gleichzeitig wurden das Pensionssystem und die gesundheitliche Versorgung ausgebaut, die sich damals bereits auf hohem Niveau um das Wohl des kaiserlichen Hofstaates kümmerte, im Gegensatz zu dem der Millionen Nicht-Hofbediensteten. So gab es einen ärztlichen Journaldienst, der rund um die Uhr in Bereitschaft stand, ebenso wie Impfaktionen, Gratiskindergärten oder kostenlose Medikamente.

Beste Aussichten also für die neuen österreichischen Beamten. Dass das Ende der 1860er-Jahre nicht die letzte Gelegenheit bot, den Berufsstand der Beamten neu zu definieren, wissen die folgenden Generationen aus Erfahrung. Eine blutige Nase in der Auseinandersetzung mit machtbewussten Standesvertretern holte sich etwa Ministerin Claudia Schmied, als sie 2009 die Lehrer dazu bringen wollte, doch mehr oder weniger freiwillig zwei Wochenstunden länger zu unterrichten. Der auch via Medien ausgetragene Streit beschäftigte zwar Parteien, Regierung, Eltern, Schüler und Lehrer sowie die weniger betroffene Öffentlichkeit mit allen möglichen Facetten, aber der Chef der Pflichtschullehrer-Gewerkschaft, Walter Riegler, sagte im Grunde genommen einfach von Anfang an »Nein« – und dabei blieb es.

Kaum war das Sozialsystem verbessert, beklagte man die ersten Missbräuche und das Obersthofmeisteramt wurde nicht müde, Apotheker, Ärzte und Patienten darauf hinzuweisen: »Sogenannte Gefälligkeitsverschreibungen, d.h., Verschreibungen von Medikamenten, die eine arzneifreie Hofpartei selbst begehrt und meist durch Mittelsmann vom Hofarzte verlangt, sind nicht gestattet.«

Vom Haarwasser über Badeöl bis zur Schönheitscreme, vom Diener bis zur Hofdame, jeder ließ sich auf Rezept verschreiben, was er nicht kaufen wollte.

»Da es der allerhöchste Wille ist, dass – ohne den arzneifreien Hofstaatsparteien es an etwas mangeln zu lassen – der Kostenaufwand nicht unnöthigerweise vermehrt werde, machen Seine k. k. apostolische Majestät es zur besonderen Pflicht, sich, in so fern der gleiche Zweck damit erreicht werden kann, nur der wohlfeileren Heilmittel zu bedienen und überflüssige, bloß dem Gaumen schmeckende, eine wirkliche Heilkraft nicht enthaltende zuthaten zu vermeiden, zb, die gebrannten Wässer (aqua destillatae), die eingesottenen Früchte-Säfte (Syrupi) und dergleichen.«

Parallel zu den Radikalreformen des kaiserlichen Hofs war Konstantin Viktor Ernst Emil Karl Alexander Friedrich Fürst zu Hohenlohe-Schillingsfürst – so sein vollständiger Name – für den Habsburger Monarchen aber auch der Mann seines Vertrauens bei den spektakulärsten Großprojekten seiner Zeit, deren Vorbereitungen bereits 1857 mit einem recht unspektakulären Schreiben begannen:

Se. k. k. Apostolische Majestät haben bezüglich der Erweiterung der innern Stadt Wien nachstehendes Allerhöchstes Handschreiben an den Minister des Innern zu erlassen geruht: ›Lieber Freiherr von Bach! Es ist Mein Wille, daß die Erweiterung der inneren Stadt Wien mit Rücksicht auf eine entsprechende Verbindung derselben mit den Vorstädten ehemöglichst in Angriff genommen und hiebei auch auf die Regulirung und Verschönerung Meiner Residenz- und Reichshauptstadt Bedacht genommen werde. Zu diesem Ende bewillige Ich die Auflassung der Umwallung und Fortifikationen der inneren Stadt, so wie der Gräben um dieselbe. Jener Theil der durch Auflassung der Umwallung der Fortifikationen und Stadtgräben gewonnenen Area und Glacis-Gründe, welcher nach Maßgabe des zu entwerfenden Grundplanes nicht einer anderweitigen Bestimmung vorbehalten wird, ist als Baugrund zu verwenden und der daraus gewonnene Erlös hat zur Bildung eines Baufondes zu dienen, aus welchem die durch diese Maßregel dem Staatsschatze erwachsenden Auslagen, insbesondere auch die Kosten der Herstellung öffentlicher Gebäude ... bestritten werden sollen. … Sie haben wegen Ausführung dieser Meiner Anordnungen sogleich das Entsprechende zu verfügen.

Wien, am 20. December 1857

Franz Josef m. p.

Dieses Allerhöchste Handschreiben wird mit dem Beisatze zur allgemeinen Kenntniß gebracht, daß die darin angeordnete Konkursausschreibung demnächst nachfolgen wird.

Der Obersthofmeister schupft die Weltausstellung im Wiener Prater, kümmert sich um die Donauregulierung und managt die Vollendung jener Monsterbaustelle, deren Prachtbauten den Glanz der Gründerzeit für Touristen aus der ganzen Welt bis heute verkörpern – den Bau der Wiener Ringstraße. 15- bis 18-Stunden-Tage waren die Regel, schließlich vertrat Fürst Hohenlohe seinen Kaiser bei nahezu allen Gelegenheiten.

Unser Obersthofmeister

Als ich begann, mir Gedanken über dieses Buch zu machen, war eines schnell klar: Kaiser haben wir heute mehrere (dazu kommen wir noch). Offen blieb die Frage, wer denn heute die Rolle des Obersthofmeisters einnimmt, jenes Mannes, der wie anno dazumal Fürst Hohenlohe im Hintergrund dafür verantwortlich zeichnet, dass das Werkl rennt. Fast einhellige Antwort täglich mit der Politik Befasster: Der sitzt im ehemaligen Büro Metternichs und ist seit 23 Jahren an Werner Faymanns Seite – Staatssekretär Josef Ostermayer ist des Kanzlers Ratgeber, Strippenzieher und bester Freund in Personalunion.

Offiziell »nur« für Medien und Koordination zuständig, läuft im Regierungsalltag nichts ohne den Burgenländer. Selbst die SPÖ-Zentrale soll er vom Ballhausplatz aus führen. »Ostermayer ist der zentrale Ansprechpartner für alles, was den Kanzler betrifft«, so ein konservatives Regierungsmitglied. Er bereitet den Ministerrat vor, räumt Streitfälle aus dem Weg oder vertagt das Thema, er findet in letzter Sekunde Kompromisse und vereinbart politische Tauschgeschäfte innerhalb der Koalition.

In der Öffentlichkeit wurde der Mann im Hintergrund im August 2010 höchstens ein wenig bekannter, als er mit Stolz verkünden konnte, eine historische Ungerechtigkeit wieder gerade gebogen zu haben. »Die Regierung wird einstimmig die formale Zustimmung erteilen, dass Christoph Waltz die österreichische Staatsbürgerschaft verliehen wird«, auf dass der »Oscar«-Gewinner ab sofort auch offiziell unser »Oscar«-Gewinner sein konnte. Und wer das politische Geschehen aufmerksam verfolgt, sieht Josef Ostermayer regelmäßig immer wieder auftauchen. Oft natürlich beim Dauerthema ORF, aber auch mit Statements zu völlig anderen Gebieten: ob zur Ortstafelfrage in Kärnten, zu den Salzburger Festspielen oder zu einem seiner Lieblingsthemen, der »ÖIAG«. Die ÖIAG, die »Österreichische Industrie Holding AG« ist die Beteiligungs- und Privatisierungsagentur der Republik Österreich. Laut Aussendung des Staatssekretärs zahlt die ÖIAG »an Alleinvorstand Peter Michaelis für die Verwaltung von nur noch drei Beteiligungen – Post, Telekom, OMV – ein Gehalt von 700.000 Euro pro Jahr, 350.000 Euro davon als 100-Prozent-Bonus. Diese Beteiligungen der ÖIAG haben selbst 12 Vorstände und 39 Aufsichtsräte, die sie kontrollieren und verwalten. Die ÖIAG hat darüber hinaus nochmals 15 eigene Aufsichtsräte. Wo ist hier die Leistungsgerechtigkeit? Leistungsgerecht heißt, dass man dafür bezahlt bekommt, was man leistet. Was leistet Michaelis für 700.000 Euro? Das ist sehr viel Geld für einen Posten, zu dem Claus Raidl (voestalpine-Vorstandsmitglied, Chef der Böhler-Uddeholm AG etcetera, Anm.) sagt: ›Das ist maximal ein Halbtagsjob‹.«

Da kann er sich also schon ganz schön aufregen, der Josef.

Mit eigenem politischen Profil fiel Ostermayer bis dato noch nicht auf, am ehesten lässt er sich als Pragmatiker der Wiener sozialdemokratischen Schule beschreiben. Mit einem großen Herz für die Verbesserung des Lebensstandards der arbeitenden Klasse, den Machterhalt der eigenen Partei stets im Auge. Geprägt haben Josef Ostermayer die Siebzigerjahre. Da gab es natürlich Bruno Kreisky, aber auch Theodor Kery. »Im Burgenland war er eine Art Landesdiktator«, sagt Ostermayer, »ein extremer Reibebaum, fast abschreckend.« Und während

Faymann längst bei der SJ war, zog es Ostermayer vor, sich nicht parteipolitisch zu engagieren – bis er den Werner traf. Ostermayer: »Unsere Frauen sagen, das ist ja fast schon eine eheähnliche Situation.«

Für die obersthofmeisterlichen Aufgaben ist der Mann mit den aschblonden Haaren, dem stets freundlichen Lächeln und den alterslosen Gesichtszügen sonst bestens präpariert. Er verfügt über zwei Eigenschaften, die in der Politik selten parallel vorkommen: absolute Loyalität zu seinem Chef und null Ehrgeiz, ihn vom Thron zu stoßen. Nach diesem Grundsatz funktioniert die Karrierepartnerschaft Faymann-Ostermayer seit mehr als 20 Jahren. Sie trug die beiden von den Anfängen bei der Mietervereinigung, in der Ostermayer im Gegensatz zu Faymann als fertig studierter Jurist begann, über die Wiener Stadtregierung ins Verkehrsministerium und schließlich ins Kanzleramt. Nicht nur deshalb gilt Ostermayer als heimlicher Regierungskoordinator, Faymanns eigentlicher Kabinettschef und eine Art Kanzleramtsminister in einem. Weil die Büros Faymann und Ostermayer untrennbar sind, verfügt die rote Führungsspitze über mehr Zuarbeiter als andere. »Manch einer von uns wäre froh, ein solches Alter Ego zu haben«, meinte ein schwarzer Kabinettschef neidisch.

Schon während des Faymann-Wahlkampfes wurde Ostermayer zur Hauptinformationsdrehscheibe für alles, was den Kanzlerkandidaten betraf. Journalistenanfragen, die nicht in seinem Sinne sind, werden schon einmal ignoriert oder aufgeschoben. In der roten Parteizentrale mag es wieder eine eigene Kommunikationschefin geben, egal. Unter Faymann-Ostermayer'scher Obhut wurde auch die SPÖ-Medienpolitik zentralisiert. Sie läuft jetzt, wie alles andere, ausschließlich über deren Doppelkabinett.

Diese Symbiose führt mitunter zu kurios anmutenden Konstellationen, etwa wenn Ostermayer im Tross des Kanzlers mit auf »Zwillings«-Staatsreisen geht. »Wenn ich mitfahre, ist natürlich mein Pendant im Besucherland ebenfalls dabei«, erklärt »der mächtigste Staatssekretär aller Zeiten« (so die »Presse«).

Den schwierigsten Start hatten die beiden übrigens damals im (Verkehrs-)Ministerbüro. Es war leergefegt – keine Mitarbeiter, keine Ordner, keine Computer. »Ein absurdes System«, findet Faymann. Ein Kabinett beschäftige immerhin zwölf oder dreizehn Leute. Und als der designierte Verkehrsminister mit Ostermayer einzog, war das Team von Vorgänger Hubert Gorbach spurlos verschwunden: »Wir konnten die Leute nicht einmal fragen, ob sie bleiben wollen. Man hat uns gesagt, die Verträge enden automatisch mit dem Abgang des Ministers.«

Für Ostermayers Dienste wurde das in Ministerien übliche Gehaltsschema umgangen. Als Kabinettschef im Verkehrsministerium verdiente er 14.180 Euro pro Monat, doppelt so viel wie seine Kollegen. Möglich war das, weil er als Personalleihgabe vom Wiener Fonds für Wohnbau- und Stadterneuerung finanziert wurde. Als Staatssekretär verdient er unwesentlich besser: 14.688 Euro. Publikumswirksam verzichtete er auf den Dienstwagen, aber gut, den braucht er ja auch nicht, wenn er doch eh immer mit dem Werner fährt.

Kaiser-Art

Wir springen wieder eineinhalb Jahrhunderte Richtung Birthday Jesu, dessen katholischer Familie sich der Kaiser ja allmächtig verbunden fühlte. Dass sich Franz Josef mit Kunst und Kultur intensiv auseinandersetzte, darf bezweifelt werden. Er war ein Bürokrat und Beamter, manchmal dem Witz und der Ironie absolut zugeneigt, aber mit den Intellektuellen der Monarchie, insbesondere mit der Avantgarde des auslaufenden 19. Jahrhunderts, hatte er absolut nichts am Hut.

Eine überlieferte Szene beschreibt das majestätische Unverständnis: Der Monarch beehrte eine Vernissage von Carl Moll, Mitbegründer der »Wiener Secession«, mit seiner Anwesenheit. Moll war ein Kollege von Gustav Klimt, im Gegensatz zu dem genialen Porträtisten widmete er sich der Darstellung von Landschaften, Interieurs und Stillleben. Kaiser Franz Josef jedenfalls blieb bei der Ausstellung vor einem Bild stehen und fragte den Maler, der ihn begleitete: »Ist das ein See?«, »Nein Majestät, es ist eine Wiese.« Der Kaiser grübelte: »Aber die ist doch blau.« Moll darauf devot: »Ich sehe sie eben so, Majestät.« Replik des Monarchen: »Na ja, dann hätten S' halt nicht Maler werden sollen.«

Als der Kaiser kurz vor der Eröffnung der Hofoper am Ring das Gebäude wegen seines gegenüber dem Straßenniveau abgesetzten Zugangs als »versunkene Kiste« bezeichnete, nahmen sich das beide Hofopern-Architekten sehr zu Herzen. Eduard Van der Nüll, ein ausgeprägter Melancholiker, erhängte sich im Schlafzimmer seiner Wohnung, knapp zwei Monate später brach sein Kollege, August Sicard von Sicardsburg, vom

Herzschlag ereilt, über seinem Zeichentisch zusammen. Er hatte den Tod seines Freundes nicht verwinden können.

Kaiser Franz Josef, schwer von den Todesfällen getroffen, hielt sich fortan mit persönlichen polemischen Äußerungen zurück. Der Fama nach soll der Monarch genau deswegen in Hinkunft auf jede Frage bezüglich einer geschmacklichen Beurteilung immer nur noch gemeint haben: »Es war sehr schön, es hat mich sehr gefreut.«

Ähnlich Freundliches, aber Nichtssagendes, wird der Kaiser wohl auch bei seinen Audienzen von sich gegeben haben. Diese fanden in der Regel ja zweimal wöchentlich an den Vormittagen statt und waren stets gut besucht. Bis zu 100 Untertanen kamen pro Audienz. Rein rechnerisch also kann Franz Josef den Besuchern nur jeweils ein paar Minuten lang seine Aufmerksamkeit gewidmet haben. Zu wenig für eine inhaltliche Auseinandersetzung, was auch nicht sein musste, denn kein Bittsteller kam ungeprüft zum Kaiser. Selbstverständlich war jedes Gesuch zuvor genauestens vom Stab des Obersthofmeisters untersucht und beurteilt worden. Potenzielle Ablehnung inklusive. Wohlwollende Anerkennung, Zustimmung oder Entgegennahme von Dankesbezeugungen wurde nur einer exklusiven Minderheit zuteil. Was natürlich wiederum an heutige Usancen erinnert, nach denen bereits im Vorfeld eines Staatsbesuchs, eines EU-Ministerrates oder weltpolitischen Gipfels alle zu klärenden Fragen beraten, diskutiert, gelöst oder auch aufgeschoben werden, damit sich die Damen und Herren Politiker dann ganz entspannt zum Gruppenfoto formieren können.

Ein Modelltag im Leben des Kaisers: Er steht gleichsam in der Nacht auf, badet, betet, beginnt das Aktenstudium, frühstückt so nebenbei, empfängt nach dem Leibarzt seinen Generaladjutanten, den Obersthofmeister und den Oberststallmeister, widmet sich wieder Regierungsunterlagen, hält Kurzaudienzen, genießt ein aufgewärmtes Mittagessen am Schreibtisch, vertieft sich erneut in Akten, empfängt Minister zu Einzelgesprächen und so weiter, begrüßt abends als Gastgeber vielleicht Diplomaten bei einem kleinen Empfang, um danach bei Aktenlektüre zu entschlummern. Franz Josef, der sich als von Gott berufener Diener des Staates sah, lebte und regierte, funktionierte also im Prinzip wie ein beamtetes Rad im monotonen Uhrwerk der Weltgeschichte.

Ausnahmekaiser Joseph II.

Eine ähnlich tiefe Überzeugung von seiner überirdischen Bestimmung hatte bereits Joseph II. – einerseits traditioneller Kaiser und andererseits radikaler Reformer. Was letzten Endes überwog, darüber streiten sich die Geister. In jedem Fall war er stur, ungeduldig und akzeptierte keinen Widerspruch. Und dabei verstand er gar keinen Spaß. Am 20. April 1783 erließ Joseph II. ein sogenanntes Hofdekret, in dem das allgegenwärtige Militär quasi eine Blankoberechtigung für den tödlichen Waffeneinsatz gegen renitente Bürger bekam.

»Und sobald eine gegebene Militärassistenz und deren Kommando nach aller gemachten Vorstellung und gehabten Langmuth, entweder wirklich mißhandelt oder von der Erfüllung seines Auftrages platterdings verhindert wird: so soll das Militare nie blinde Schüsse machen, oder in die Luft schiessen, sondern alsogleich scharf Feuer geben, mithin durch

Bestrafung einiger Menschen den ganzen Unfug bei Zeiten von weitern Folgen rückstellig machen.«

Die Draufhau'n-Charaktereigenschaften dürfte er vor allem von seiner Mutter Maria Theresia mitbekommen haben, die ihn schon von Kindesbeinen an zu einem kaiserlichen Selbstbewusstsein erzog, gleichzeitig aber auch zu einem gottesfürchtigen Menschen. Papa Franz Stephan von Lothringen nahm es mit majestätischer Moral und herrschaftlichen Pflichten nicht so genau und vergnügte sich lieber bei der Vermehrung seines Vermögens, dem Kartenspiel, der Jagd und hallodrimäßig mit zahllosen Liebschaften.

Soviel Spaß war dem Filius nicht gegönnt. Schon die erste große Liebe zu seiner ersten Frau endete tragisch. Prinzessin Isabella von Bourbon-Parma gebar ihm zwar eine Tochter, die er nach seiner Mutter Maria Theresia nannte, Isabella aber wurde depressiv, verliebte sich in Josephs Schwester Marie Christine und starb nach einer Fehlgeburt.

Maria Theresia, die Mutter, arrangierte eine 2. Hochzeit mit seiner Cousine Maria Josepha von Bayern. Joseph II. teilte die Begeisterung der Mutter nicht so ganz. »Eine kleine und dicke Gestalt ohne jugendlichen Reiz, Bläschen und rote Flecken im Gesicht, hässliche Zähne«, fand er und ließ die Hofburg so umbauen, dass er die arme Maria Josepha nie zu Gesicht bekam.

Nach dem Tod seiner zweiten Frau wollte Joseph II. kein weiteres Ehe-Wagnis mehr eingehen und verkündete: »Die Gesellschaft von Frauen ist für einen vernünftigen Mann auf die Dauer unerträglich.« 1770 starb seine einzige Tochter, Maria Theresia. Joseph II. war erst 29, kinderlos und bereits zweifacher Witwer. Familienversuche also gescheitert.

Nach Roland Girtler soll Joseph II. danach des Öfteren eine bestimmte Sexualarbeiterin in einem der zahlreichen Bordelle am Wiener Spittelberg besucht haben. Bei einem dieser Vergnügungsausflüge wurde er unsanft vor die Tür gesetzt. Daran erinnert im Haus Spittelberggasse / Gutenberggasse 13 (heute ein Restaurant) folgende Inschrift: »Durch dieses Tor im Bogen kam Kaiser Joseph II. geflogen – 1778.«

Der Errichtung von Bordellen hatte sich Joseph II. jedoch – wie seine Mutter – verweigert. Sein überlieferter Kommentar: »Was, Bordelle? Da brauche ich über ganz Wien nur ein großes Dach machen zu lassen ...«

Nach dem Tod seines Vaters wurde Joseph 1765 Kaiser des Heiligen Römischen Reiches Deutscher Nation und offizieller Mitregent in den erzherzöglichen Ländern, ohne allerdings viel entscheiden zu können. Denn die Frau Mama hatte meistens eine andere Auffassung davon, was zu geschehen habe und so konnte Joseph II. erst nach ihrem Tod beginnen, Reformen nach seinem Wahlspruch »virtute et exemplo« (»Mit Tugend und Beispiel«) umzusetzen.

Und Joseph II. wollte vieles verändern. Die Ideen dazu hatte er ja schon jahrelang in sich aufgestaut. »Alles für das Volk, aber nichts durch das Volk« – legendärer Kaiserspruch und treffende Beschreibung seines Regierungsstils.

Joseph II. befahl, egal ob die anderen das wollten oder nicht. 6000 Edikte hat der Anhänger aufklärerischer Ideen unterzeichnet. Pro Tag also rund zwei. Und weil der Herrscher von freundlicher Diplomatie und langen Erklärungen nichts hielt, war die Reaktion der Betroffenen dementsprechend österreichisch, passiver Widerstand nämlich.

Denn der Kaiser versuchte den Einfluss der Mächtigen einzuschränken, was Adel und Kirche naturgemäß nicht gefiel. Die Leibeigenschaft der Bauern wurde abgeschafft, adeliger Grundbesitz besteuert. Im berühmten Toleranzpatent wurde sogar das Glaubensmonopol der Katholischen Kirche gebrochen – Protestanten und Juden durften ihren Glauben ausüben, der Vorrang der Katholischen Kirche blieb aber aufrecht.

Alle geistlichen Orden, die im volkswirtschaftlichen Sinne unproduktiv waren, also keine Krankenpflege, Schulen oder andere soziale Aktivitäten betrieben, wurden aufgehoben, ihr Besitz verstaatlicht. Was würde heute so mancher Stiftungsgründer zu so radikalen Entscheidungen sagen?

Viele Feiertage und Kirchenfeste wie Prozessionen wurden abgeschafft – hauptsächlich um die allgemeine Produktivität zu erhöhen. Und darum ging's dem Kaiser bei all seinen Reformen. Der Staat sollte in erster Linie für den Wohlstand seiner Bürger sorgen, und die sollten dafür etwas leisten. Ererbte Vorrechte waren dem Kaiser ein Graus – seine eigene Dynastie selbstverständlich ausgenommen. Adel, Kirche und Beamte fand er borniert und zumeist zu ineffizient.

Wobei Joseph II. das Seinige zur Entwicklung des Staates beitrug, was ihn aus heutiger Sicht zu einem Heros macht. Er entstaubte das spanische Hofzeremoniell, verpflichtete seine Familie zur Sparsamkeit, richtete im Gegenzug einen Fonds zu ihrer Versorgung ein, spendete einen großen Teil des ererbten riesigen Privatvermögens seines Vaters, nämlich 12 Millionen Gulden, für die Sanierung des Staatshaushaltes. Schließlich war für ihn das Herrschertum ein Amt, ein Dienst am Staat als übergeordnetem Ganzen.

Joseph II. schuf das erste österreichische Sozialsystem, das diese Bezeichnung verdiente. Er baute Schulen, Waisen- und Armenhäuser und gründete unter anderem das modernste Spital Europas, das Allgemeine Krankenhaus in Wien. Die Todesstrafe ließ er größtenteils abschaffen, ebenso die Folter. Straf- und Zivilgesetze reformierte er: Dasselbe Recht sollte für alle gelten. Der Adel sollte seine Vorrangstellung verlieren, was sich dieser so einfach nicht gefallen ließ. Viele der engagierten Projekte scheiterten am Widerstand der Macht-Eliten und an der Detailversessenheit des Monarchen, die vom Volk als reine Schikane empfunden wurde. Joseph II. wollte zum Beispiel exakt regeln, wie viele Kerzen bei einem Begräbnis verwendet werden durften oder auch welche Särge. Denn eigentlich war er für die Abschaffung von Särgen für jeden Toten und wollte stattdessen einen Sarg mit Falltür immer wieder verwenden. Den Recycling-Sarg empfanden die Österreicher allerdings als pietätlos ... Ein Nachbau davon ist im Stift Melk zu besichtigen.

Allzu gut also kannte Joseph II. seine Untertanen nicht, obwohl er sich jahrelang darum bemüht hatte – auf legendären Reisen als »Graf von Falkenstein«, incognito und ohne mühsam den ganzen kaiserlichen Tross mit sich zu schleppen. Wobei der Umfang auch eines nicht ganz so kaiserlichen Trosses noch immer etwas von einer kleinen Expedition hatte – fünf bis zehn Kutschen waren das Minimum, auch wenn der Kaiser »nur« als Graf unterwegs war. Jede kleinste Reiseetappe war zuvor bis ins Detail organisiert worden. Potenzielle Tagesreiseziele wurden festgelegt, mögliche Gesprächspartner vorgeschlagen, Besichtigungstermine organisiert und so weiter. Der Kaiser wollte zwar in gewöhnlichen Wirtshäusern übernachten, die aber mussten schon einige Zimmer bereitstellen können. Am Beispiel seiner Russlandreise: eines für den »Grafen«, eines für seine Diener, ein Zimmer für den kaiserlichen Begleiter Graf Kinsky, eines für die Sekretäre, eines für den Leibchirurgen und den Geistlichen, eines für die Köche und eines für die Offiziere. Mindestproviant für jede Übernachtung: 35 Kilo Rindfleisch, ein Kalb und ein Lamm, 24 Hühner, 3 Gänse, 2 Truthähne, 2 Suppenhühner und 100 Kilo Gemüse. Es hätt' ja sein können, dass noch ein Gast zum Essen kommt ...

In seinen knapp 25 Jahren Regierungszeit verbrachte der Monarch immerhin 2260 Tage nicht in seiner Wiener Residenz. Joseph II. war der europäische Herrscher mit der höchsten Kilometerleistung seiner Zeit. Er bereiste halb Europa und hielt seine scharfsinnigen Beobachtungen über wirtschaftliche, kulturelle, soziale und gesellschaftliche Entwicklungen in seinen Reisetagebüchern fest.

Auch höchst Intimes wurde auf diesen Reisen erörtert: So soll er in Frankreich den Mann seiner Schwester Marie Antoinette, Ludwig XVI., medizinisch beraten haben. Sein erlauchter Schwager litt unter einer Phimose (Verengung der Vorhaut), weshalb ihn Joseph II. zu einer Operation überredet haben soll, damit dieser seinen ehelichen Pflichten nachkommen könne, was dann ja auch geklappt hat. Der weltgewandte Kaiser konnte ja nicht ahnen, dass die aus dieser dann doch noch zustande gekommenen Verbindung entsprungenen Kinder auf eine äußerst unglückliche Zukunft zusteuern würden. 1792, als die Revolution in Frankreich losbrach, war Joseph II. bereits verstorben. Er wollte sein Reich nicht nur politisch oder wirtschaftlich mit den anderen Großen Europas gleich stellen. Auch künstlerisch wollte der Kaiser gleichziehen: Ergo wurde das Burgtheater zum »teutschen Nationaltheater« und Wolfgang Amadeus Mozart beauftragt, die erste deutschsprachige Oper zu komponieren – »Die Entführung aus dem Serail«.

Trotz oder wegen all dieser Bemühungen blieb Joseph II. zu Lebzeiten unverstanden bis verhasst, dennoch hat er die Geschichte Österreichs wesentlich geprägt und die Welt verdankt ihm Essenzielles, überraschenderweise auch die Institution des Heurigen.

Der Heurige

Kelten und Illyrer hatten in ihren Siedlungsgebieten bereits Weinkultur entwickelt, den nächsten Schub erhielten heimische Winzer durch den römischen Kaiser Probus im 3. Jahrhundert, als der nämlich den lokalen Weinbau förderte, weil die tägliche Weinration für die Legionäre durch Transportschwierigkeiten zu oft ausblieb, sodass man sich entschloss, den Wein in der Provinz Noricum selbst zu produzieren.

1500 Jahre später geriet ein nichtiger Anlass zur Heurigenrevolution: Die Wirte eines kleinen Ortes in der Grafschaft Görz beklagten sich lautstark, dass sie ihr Herr, ein Graf Delmetri, zwingen wollte, ausschließlich Wein aus seinen herrschaftlichen Gütern auszuschenken. Kaiser Josef II. reagierte darauf mit der Zirkularverordnung von 1784, die es jedermann gestattete, von ihm selbst erzeugte »Lebensmittel, Wein und Obstmost zu allen Zeiten des Jahres, wie, wann und in welchem Preise er will, zu verkaufen oder auszuschenken«. Dies war die rechtliche Grundlage für den Heurigen beziehungsweise die

Buschenschank und vor mehr als zwei Jahrhunderten ein erster Schritt zur Ab-Hof-Vermarktung.

Ordnung muss sein

Kaiserin Maria Theresia wurde in Österreichs Geschichte gemeinhin der Einführung der allgemeinen Schulpflicht wegen verklärt. Darüber hinaus war die streng religiöse Herrscherin aber keine engagierte Reformerin vor dem Herrn. Ganz im Gegenteil: Sie war sozusagen eine absolutistische Barbara Rosenkranz des Barock, ständig darauf bedacht, das Leben ihrer Untertanen allumfassend zu regulieren.

1774 ließ sie eine »Keuschheitskommission« ins Leben rufen. Hunderte Spitzel sollten das Treiben der Ehemänner im sündigen Wien überwachen und protokollieren, für die Frauen – meist Prostituierte – hatte Maria Theresia ein besonderes Strafprogramm parat: Steckten die Dirnen ihre Freier mit Geschlechtskrankheiten an, so wurde ihnen in aller Öffentlichkeit das Haar abgeschnitten, der Schädel geteert und gefedert, und obendrein wurden die Bedauernswerten vor der nächstgelegenen Kirche ausgepeitscht. Auch Deportationen der Huren standen auf der Tagesordnung. Mit den »Temesvarer Wasserschüben« wurden Dirnen, aber auch sonstige Kriminelle, auf ein Donauboot gepfercht und flussabwärts bis in den Banat im heutigen Rumänien deportiert. Weil aber immer öfter auch hochadelige Männer ins Visier der »Keuschheitskommissäre« gerieten, wurde das Experiment nach wenigen Jahren wieder abgebrochen. Auch andere theresianische Vorschriften sind Legende, vor allem was die öffentliche Sittlichkeit betrifft. So etwa erließ Maria Theresia ebenfalls 1774 in ihrer Kleiderverordnung das Verbot für Bäckerbuben, ohne Oberkleidung aus dem Haus zu gehen, genauso wie die Einführung von Kirchenaufsehern, die den ordentlichen Ablauf der Gottesdienste zu überwachen hatten. Bauernmädchen wurde das Tragen von »unehrbarer und leichtfertiger Tracht« verboten, man möge die »unartig ausgeschoppten Mieder nach und nach auf eine sittsame Art und Weise abändern«, wofür aber den Mädchen vom Lande, die oft nur über ein einziges Ausgehkleid verfügten, eine Übergangsfrist von einem Jahr eingeräumt wurde.

Weil wir gerade bei modischen Fragen sind: im Jahr 2000 machte die frisch angelobte Verkehrsministerin Monika Forstinger mit einem kolportierten Stöckelschuh- und Minirock-Verbot für ihr Ressort von sich reden, das von der Ministerin dann jedoch dementiert wurde. Sie sagte dem »Format«: »Das stimmt nicht. Ich habe nur gesagt, daß unsere Böden im Ministerium so glatt sind. Und da ist es nicht angenehm, wenn wir mit unseren Stöckelschuhen schnell laufen, weil die so laut klappern ... Ich habe auch nie gesagt, daß man keine Miniröcke tragen darf. Aber wir im Kabinett müssen uns schon so präsentieren, daß wir Gäste empfangen können.«

Zeit für solche Sorgen sollte man haben, über den Anlass für die »Nicht-Verbote« wurde damals erfolglos spekuliert, wir wenden uns wieder den Maria Theresianischen-Etikette-Vorstellungen zu.

Die Vertreter der Kirche wurden angewiesen, Frauen, die »in leichtfertiger Tracht erscheinen«, jeden Beistand und die Teilnahme an Messen zu versagen. Gastwirte waren aufgefordert, vor der Heiligen Messe niemanden mit Alkohol zu versorgen, Kirchendiener hatten den Auftrag, »auf das Schwätzen und sonstige ungebührliche Aufführung in den Kirchen Obsicht zu tragen«. Richter mussten »vor dem Gottesdienste die Wirthshäuser durchsuchen, die darinn angetroffenen Leute hinaus, und in die Kirche weisen«, 1775 wurde schließlich »das Pfeifen und Fußstoßen während den Theatervorstellungen« verboten. Am Ende desselben ist es heute wenn nicht verboten, so zumindest wohlgelitten.

Wie seine Mutter Maria Theresia war auch Joseph II. von einer tiefen Aversion gegen den Adel geprägt und erließ immer wieder Gesetze, die ohne Unterschied für Bauern, Bürger und eben auch Adelige galten. Das brachte ihm später den Ruf eines demokratischen Reformers ein, war aber in Wirklichkeit der Versuch, seine eigene Position gegenüber dem damals zart aufkeimenden Liberalismus zu stärken, eine straffe Zentralgewalt sollte sich gegenüber föderalistischen Ambitionen durchsetzen: So etwa konnten Straftäter zum sogenannten »Gassenkehren« verurteilt werden und zwar ohne Rücksicht auf den Stand. Es war ein Instrument zur Demütigung des Adels, zumindest auf dem Papier.

Bereits 1781 wurden alle Gerichte der Monarchie angewiesen, ausgesprochene Todesurteile nicht zu exekutieren, sondern in lebenslange Freiheitsstrafen umzuwandeln. Aber zu welchem Zweck? Der Kaiser wollte Strafkolonien schaffen, in denen die Delinquenten noch ein paar Jährchen – länger hielt niemand diese Tortur aus – in Richtung ihres Todes Nutzen für die Monarchie brachten. Ganz beliebtes Einsatzgebiet war das »Schiffeziehen«, festgeschrieben im Paragraf 188 der Kriminalgerichtsordnung. »Lebenslange« wurden dabei dazu verdonnert, unter schlimmsten Auflagen Kähne und Schiffe per Seil donauaufwärts – also gegen den Strom – zu schleppen. Ein Todesurteil auf Raten sozusagen, denn laut Statistik verstarben 740 der insgesamt 1200 so bestraften Übeltäter innerhalb kürzester Zeit. Im Juli 1790 wurde diese Strafe von Leopold II. ersatzlos gestrichen.

Ein erheblicher Teil der Paragrafen des »Allgemeinen Bürgerlichen Gesetzbuches« entsprechen in Inhalt und Form immer noch jenen aus der Zeit Maria Theresias. Viele Gesetze haben heute noch Rechtskraft, auch wenn sie absolut nicht mehr zeitgemäß sind. Etwa der Paragraf 329, der sich mit der »Vertilgung« beschäftigt: Dort heißt es erheiternd: »Ein redlicher Besitzer kann schon alleine aus dem Grunde des redlichen Besitzes die Sache, die er besitzt, ohne Verantwortung nach Belieben brauchen, verbrauchen, auch wohl vertilgen.« Übersetzt aus der Amtssprache bedeutet dies: »Was mir gehört, mit dem kann ich machen, was ich will.« No-na.

Amüsant auch das immer noch gültige Todeserklärungsgesetz, wo es unter Paragraf 24 heißt: »Wenn der für tot Erklärte persönlich vor Gericht erscheint und die Aufhebung der Todeserklärung verlangt, so hat das Gericht, falls die Identität des Antragstellers mit dem für tot Erklärten unzweifelhaft feststeht, ohne weiteres Verfahren die Aufhebung der Todeserklärung auszusprechen.«

Größere Teilnovellen an dem monarchistischen Gesetzeswerk sind – abgesehen von der Außerkraftsetzung durch das NS-Regime – lediglich in den 1970er-Jahren vorgenommen worden, als die Regierung von »Sonnenkönig« Bruno Kreisky vor allem das Eherecht entstaubte.

Dennoch hat sich bis zur Jahrtausendwende der Paragraf über die Notwendigkeit einer »Morgengabe« für die verheiratete Frau nach der Hochzeitsnacht gehalten, dieser ohnehin tote Passus wurde unter großem medialem Getöse erst im Jahr 2009 abgeschafft.

Heute wie damals scheint es regelmäßig so, dass jene Politiker, die verkorkste Regelungen erfinden oder einfach nur absegnen, weder über deren Sinnhaftigkeit noch deren Auswirkungen allzu lange nachdenken. Das seit 1. Juli 2010 gültige Rauchverbot in öffentlichen Lokalen ist so eine typisch österreichische Lösung. Rauchen ist aufgrund der potenziellen Gesundheitsgefährdung anderer zwar eigentlich schon verboten, aber doch nicht ganz. Das unschlüssige Regelwerk schreibt bei Lokalen mit mehr als 50 Quadratmetern Fläche die räumliche Trennung in einen Raucher- und einen Nichtraucherbereich vor. Findige Gastronomen, die ihren Gästen das anscheinend lukrativere Rauchen-Können ermöglichen möchten, arbeiten also seit der Bekanntmachung des Tabakgesetzes an fantasievollen Umgehungen der Bestimmungen. Wirte, deren Lokalitäten knapp über der magischen 50-Quadratmeter-Grenze liegen, trennen einfach einen Teil ihres Lokals mit einer simplen Gipswand ab, oder sie deklarieren sich als Tabak-Trafik, oder sie werden zum exklusiven nichtöffentlichen Stammgast-Club und so weiter.

Der in Wien ebenfalls seit 1. Juli 2010 geltende »Führschein für Kampfhunde«, wie der »Hundeführerschein« offiziell heißt, hat dazu geführt, dass hunderte Wiener, die unter diese Regelung fallen, ihre Vierbeiner einfach ausgesetzt oder an Tierheime übergeben haben, in denen nun ein Überbelag an sogenannten Kampfhunden herrscht. Andere Hundebesitzer, die sich dem Reglement nicht beugen wollen, gehen mit ihrem Vieh einfach in die tierische Illegalität. Denn schon aus Personalmangel ist es dem Magistrat unmöglich, jeden der rund 2500 Besitzer von angeblichen Kampfhunden behördlich zu überprüfen. Ob die jetzige Regelung bei der Vermeidung von Hundeattacken erfolgreich sein wird, ist zu hoffen, aber auch zu bezweifeln.

Als Ulli Sima, jene Wiener Stadträtin, die sich für das neue Gesetz stark gemacht hatte, mit diesen Fakten konfrontiert wurde, reagierte sie folgendermaßen: Diese Studien möge es wohl geben, meinte Sima, aber ihre persönliche Erfahrung sage da etwas ganz anderes, und deshalb komme das Gesetz trotzdem ... – ob der Stadträtin da wohl die absolute Mehrheit ihrer Partei so sehr zu Kopf gestiegen ist, dass sie sich mit Josef II. verwechselt hat? Bund, Land, Bezirk, Stadt oder Gemeinde: Jede Hierarchieebene freut sich bei uns über die Möglichkeit, auf dem Amtsweg nicht ganz nachvollziehbare Verordnungen erlassen zu können. So etwa gilt seit 1953 laut Paragraf 3 folgende schon rein technisch schwer nachzuvollziehende Verordnung der Kärntner Landesregierung – es sei denn, man ist ein Fischotter. »Beim Schwimmen darf der Fischfang nicht ausgeübt werden.«

Oder die berühmte »Gurkenverordnung«, die es laut Bundesministerium für Land- und Forstwirtschaft seit 1978 tatsächlich gibt, lange bevor die EU-Bürokraten sich dieses Themas bemächtigt haben. Unter Paragraf 50 heißt es da: »Krumme Gurken (Krümmung von über 20 Millimeter auf 10 Zentimeter Länge der Gurke) dürfen (...) keine andere Verformung als ihre Krümmung aufweisen. Sie dürfen nur getrennt von geraden oder leicht gebogenen Gurken angeboten werden.«

Fairerweise muss man hier anmerken, dass es bei dieser Verordnung nicht um irgendeinen »Gurkenrassismus« geht, sondern um die dahinterliegende Frage, wie viele solcher Gurken wohl im Schnitt in ein genormtes Gebinde passen. Also im Prinzip ein grundvernünftiger Gedanke – im Prinzip.

Für Nichtjuristen klingen auch juristisch sinnvolle Begründungen oft absurd. Nach Gewalttätigkeiten während einer Demonstration urteilte der Verwaltungsgerichtshof im Jahr 1987 etwa: »Das Hinunterwerfen von Personen von einem Damm ist kein adäquates Mittel zu Auflösung einer Demonstration.« Gut, da hat der Verwaltungsgerichtshof aber so was von recht!

Durchaus kabarettreif ist auch jene wortgewundene Feststellung, die ein Gericht im Zuge eines Jagdunfalls traf. Sie ging als »Fernglasverordnung« in die Justizgeschichte ein. Zitat: »Ein Kurzsichtiger darf auf der Jagd nur dann schießen, wenn er sich vollständig vergewissert, dass der Zielgegenstand wirklich ein Wild und nicht ein Mensch ist, z. B. unter Zuhilfenahme eines Fernglases oder durch Anfragen bei vollsichtigen Jagdgenossen.«

Für alle Fälle noch ein wichtiger Hinweis für Imker: Die Einfuhr von Bienenvölkern ist im Paragraf 11, Absatz 2 des BGBI von höchster Stelle zu genehmigen. Im Wortlaut: »Die Einfuhr von Bienenköniginnen mit höchstens 15 Begleitbienen ist mit Bewilligung des Bundeskanzleramts zulässig.« Dies allerdings noch mit speziellen Auflagen: »Die Bewilligung darf nur unter der Bedingung erteilt werden, dass durch von einem dazu staatlich ermächtigten Tierarzt des Ursprungs- oder Herkunftsstaates ausgestelltes Zeugnis die seuchenfreie

Herkunft und das Freisein von den in Paragraf 1 genannten Krankheiten bescheinigt wird.«

Volksanwältin Terezija Stoisits sagte dem »Kurier« am 26.7.2010: »Wir müssen stärker thematisieren, dass manche Gesetze repariert werden müssen. Als Volksanwältin ist es meine Aufgabe, Missstände in der Verwaltung festzustellen. Aber in Summe habe ich jetzt mehr Missstände in den Gesetzen festgestellt.«

Größeres Problem sind also die (zu?) häufigen Änderungen bei Gesetzen oder anderen Regelwerken, sodass die Beamten »ständig schauen müssen, was jetzt gilt«.

Kaiser Franz Josef hatte diese Probleme noch nicht, sein Wort war schließlich Gesetz, wurde also laufend aktualisiert. 1867 kam dann zwar auch noch das lästige Parlament dazu und 1907 überdies auch noch die ersten freien Wahlen, aber das ist eine ganz andere Geschichte.

Job-Eignung

Wenn ein Kaiser etwas wollte, dann hatte es auch in seinem Sinne zu geschehen. Davon waren auch Menschen betroffen, die der Kaiser mit Ämtern zu betrauen geruhte, selbst wenn diese eine solche Funktion eigentlich ablehnen wollten. So wie etwa im Fall des kaiserlichen Finanzministers, der im Jahr 1810 neu besetzt werden musste, weil Franz Graf O'Donnel überraschend gestorben war. Kaiser Franz I., ohnehin an der Botanik in Schönbrunn weit mehr interessiert als an Finanzgeschäften, hatte für die Nachfolge den Verwalter des Hradschin in Prag, Joseph Graf Wallis, auserkoren.

Die Audienz zur Bestellung soll sich folgendermaßen zugetragen haben: »Ich will Sie, lieber Graf, für Ihre treuen Dienste belohnen. O'Donnel ist tot, Sie sollen sein Nachfolger werden.« Der Hradschin-Verwalter geriet daraufhin in höchste Verlegenheit und antwortete wahrheitsgemäß: »Ich bitte Eure Majestät, allergnädigste bedenken zu wollen, dass ich vom Finanzwesen nichts verstehe und mich auch darum nie gekümmert habe.« »Das macht nichts«, entgegnete der Kaiser prompt, »genau solche Leute brauche ich. Sie waren ein treuer Burggraf und werden ein nicht minder treuer Finanzminister sein.« Bingo! Wenig später standen die Habsburger vor einem Finanzbankrott. Ob sich ein ähnliches Gespräch wohl auch zwischen Wolfgang Schüssel und Karl-Heinz Grasser abgespielt hat, natürlich unter Ersetzung des Wortes »Burggraf« durch das Wort »Autoverkäufer«? Nun ja, so viel Bescheidenheit, wie der Graf Wallis sie offenbar besaß, traue ich KHG dann irgendwie doch nicht ganz zu …

Dass sich Chefitäten bei der Wahl ihrer Mitarbeiter irgendwie vertun, ist also jedenfalls nichts Neues. Gesteigerte Häufigkeit bleibt halt stärker in Erinnerung, vor allem wenn es sich um eine Bundesregierung und ihre MinisterInnen handelt. In der ersten schwarz-blauen Regierungskoalition (2000-2003) wurden manche Ministerfunktionen so massiv wie selten zuvor nachbesetzt, weil sich die jeweils ersten Amtsinhaber – interessanterweise ausschließlich der FPÖ angehörig – anscheinend doch ein wenig von der Last ihrer Verantwortung überfordert fühlten: Nur wenige Wochen nach seiner Vereidigung wurde Michael Krüger als Justizminister von Dieter Böhmdorfer abgelöst. Elisabeth Sickl hielt wenigstens ein paar Monate durch, ehe sie von Herbert Haupt ersetzt wurde, und im Verkehrsministerium kam es gleich zwei Mal zu einem Wechsel an der Spitze: Monika Forstinger folgte auf Michael Schmid, und Mathias Reichhold, von dem bereits die Rede war, folgte wiederum auf Monika Forstinger. Der Titel der »unterhaltsamsten Ministerin« gebührt jedoch zweifellos einer Dame, die 2007 von der ÖVP ins Amt gehievt wurde: Andrea Kdolsky. Vizekanzler Wilhelm »Pater« Molterer hatte die davor in der Öffentlichkeit völlig unbekannte Quereinsteigerin aus dem Spitalsmanagement als Gesundheitsministerin in die Regierung geholt. Wahrscheinlich nicht so geplant war der Umstand, dass die Ärztin nicht verklausuliert wie eine Politikerin formulierte, sondern gleich in den ersten Interviews offen über ihr Leben sprach: zum Beispiel davon, gelegentlich zu rauchen, zuweilen schon beschwipst gewesen zu sein und sich nicht ausschließlich gesund zu ernähren – »Ich bin ein leidenschaftlicher Schweinsbratenesser.« Kritik an diesen Aussagen quittierte sie mit dem Hinweis auf ihr »Wohlfühlgewicht«, das nun einmal nicht bei 45 Kilogramm liege.

Die für asketisch-sportliche Lebensweise und Kinderfreundlichkeit bekannten Österreicherinnen und Österreicher empörten sich weiter über die Aussage: »Ich bin eine leidenschaftliche Tante. Das aber schon auch, weil ich weiß, dass ich die lieben Kleinen irgendwann wieder zurückgeben kann.« Als Andrea Kdolsky dann noch als Model beim Life Ball auftrat, vor Medienvertretern Kondome in Schulen verteilte und Claudia Stöckl im Ö3-»Frühstück bei mir« von ihrem neuen Freund erzählte, war's ganz aus. Schade eigentlich, denn sonst gab's in dieser Regierung wenig Vergnügliches. Immerhin: ein Buch mit den besten Schweinsbraten-Rezepten hat Andrea Kdolsky noch herausgebracht.

»Schweinsbraten & Co. Die besten Rezepte vom Schwein, zusammengestellt von Bundesministerin Dr. Andrea Kdolsky«

Apropos altösterreichische Küche. Der Wirtschaftschef in den letzten Jahren der Habsburger war Hofrat Franz Wetschl. 1896 bemerkte dieser bei der Durchsicht der Auftragsbücher der Küche, dass immer kleinere Lieferungen an Delikatessen wie Hummer, Lachs, Kaviar und Champagner beim Hof einlangten, jedoch viel größere Mengen bezahlt wurden. Mit Hilfe von

Privatdetektiven – die Polizei wurde nicht eingeschaltet – deckte man den kulinarischen Betrug auf: Der Chefkoch des Kaisers hatte über Jahre hinweg Lebensmittel in großen Mengen abgezweigt und unter der Hand an Wiener Restaurants weiterverkauft. Mit ihm gab es am Hof eine Reihe von Mitwissern, die den Schleichhandel gedeckt hatten.

Die Konsequenzen waren hoftypisch: Was nicht sein darf, kann auch nicht sein. Der Küchenchef wurde mit allen Ehren in die Pension verabschiedet, seine Komplizen an andere Hofstellen versetzt. Offiziell zur Verantwortung gezogen wurde Oberstküchenmeister Heinrich Graf Wolkenstein, dem man eklatante Führungsschwäche vorwarf: Er wurde zum Oberstjägermeister degradiert. Mit den Anforderungen der neuen Position und der Schmach des Versagens in seinem alten – höherrangigen – Amt kam der Adelige nicht zurecht und nahm sich wenige Wochen später das Leben.

Die für uns unverständliche Verhaltensweise entsprach dem damaligen Ehrenkodex für Adelige, Verantwortung bis zur letzten Konsequenz zu übernehmen, auch wenn man von möglichen Verfehlungen oder gar Straftaten seiner Untergebenen keine Kenntnis hatte. Auch Nichtwissen wurde damals also geahndet. Ich wage nicht, mir auszumalen, wie das wäre, wenn diese rigide Auffassung von Ethik heute noch gelten würde. Damit da jetzt keine Missverständnisse entstehen: Wir wünschen dem schon erwähnten Karl-Heinz Grasser und all den anderen aufrichtig ein langes, gesundes und schönes Leben und werden nicht müde, darauf hinzuweisen, dass für ihn sowie andere Beschuldigte und nicht rechtskräftig Verurteilte selbstverständlich die Unschuldsvermutung gilt! (Manchmal bis ins Grab …)

Gründerkrach

Rund zwei Jahrzehnte zuvor war die Blütezeit der Regentschaft Kaiser Franz Josefs, die »fetten Jahre« begannen 1867 – am Höhepunkt der »Gründerzeit«. Die Landwirtschaft in Österreich und Ungarn freute sich zwei Jahre lang über Getreide-Rekordernten. Die neuen Eisenbahnen konnten den um 100 Prozent gestiegenen Export kaum bewältigen, also musste das Schienennetz weiter ausgebaut werden. Die Wirtschaft boomte, und Kaiser und Regierung förderten die Gründung von Hypothekenbanken. Insgesamt wurden 36 neue Banken gegründet, um die gigantischen Geldmengen verwalten zu können. Es wurde auf Teufel komm raus gebaut. Geld war leicht zu haben, als Sicherheit genügten halb fertige, bald sogar nur geplante Häuser.

Die zum 25-jährigen Regierungsjubiläum des Kaisers geplante Wiener Weltausstellung im Jahr 1873 heizte die Euphorie der Spekulanten weiter an: Die hektische Bautätigkeit trieb Grundstückspreise, Mieten und alle anderen Kosten in schwindelerregende Höhen. Jeder witterte das Geschäft seines Lebens. Aktien konnten auch damals schon durch Hinterlegung einer Teilsumme des Kaufpreises erworben werden, mit später folgender Zahlung des Restbetrages. Dadurch konnten auch liquiditätsschwache Personen große Aktienpositionen aufbauen, da man von stetig steigenden Kursen ausging. Den später fälligen Nachzahlungsbetrag wollten die Spekulanten dabei einfach aus den erzielten Kursgewinnen begleichen.

Die Börse wurde zu diesem Zeitpunkt zum Schauplatz zügelloser Spekulationen, wobei die Wertsteigerungen zusätzlich die Spekulationslust steigerten. Dies führte dazu, dass schon bald die Grundsätze seriöser Finanzierung außer Acht gelassen und auch Kredite langfristig vergeben wurden, die de facto durch kurzfristiges Kapital finanziert und in Folge dessen nicht mehr gedeckt waren. Allgemein herrschte oft die naive Denkweise vor, die Banken könnten immer mehr Kapital zur Verfügung stellen. So kam es durch den vorherrschenden Optimismus zu einer großen Spekulationsblase, in den Monaten vor der Weltausstellung stiegen die Aktienkurse an der Wiener Börse in astronomische Höhen.

Am 5. Mai 1873 forderte die Franko-Ungarische Bank, Star der Wiener Börse, plötzlich Einzahlungen ihrer Anleger ein und brachte diese dadurch in Zahlungsschwierigkeiten. Und auf einmal war die Krise da: Misstrauische Banken, die kein Kapital mehr verliehen; komplizierte Wertpapiere, die plötzlich nichts mehr wert waren; Firmen, die Pleite gingen.

Als dann am Freitag, dem 9. Mai, nur eine Woche nach Eröffnung der Weltausstellung, an einem einzigen Tag gleich 120 Firmen pleite gingen, kam es zu dramatischen Kursverlusten, und um 13 Uhr wurde die Börse polizeilich geschlossen. Dieser Tag ging als Schwarzer Freitag in die Geschichte der Wiener Börse ein. Und immer mehr Anleger verkauften aus Angst vor Wertverlusten all ihre Wertpapiere und räumten ihre Konten leer. Dadurch wurde dem Kapitalmarkt viel Geld entzogen, was die Krise auf immer mehr europäische und amerikanische Börsenplätze ausweitete. Es krachte weltweit, was im Nachhinein als »Gründerkrach« bezeichnet wurde – das Ende der fortschrittsgläubigen Gründerzeit, K.O. für die Start-up-Phase des Bürgertums in den prunkvollen Ringstraßenpalais. Erst nach rund sechs Jahren stellte sich wieder eine leichte Belebung der Wirtschaft ein. Und weil die Menschen ja bekanntlich aus der Geschichte lernen, wird sich der Glaube an schrankenloses Wachstum und unendliche Gewinne für alle kaum wiederholen.

Die letzten Obersthofmeister Franz Josefs I.

Als Piefke war Fürst Hohenlohe gekommen, einige Jahre später und um imponierende Verdienste um den kaiserlichen Hof reicher, war er gemeinsam mit seiner Frau Marie ein Fixpunkt des gesellschaftlichen Lebens der k. u. k. Hauptstadt. Die Historiker sind sich einig: Fürst Hohenlohe war der letzte große Obersthofmeister der Monarchie. Er starb im Feber 1896.

Wien widmete dem großen Staatsmann eine imposante Doppel-Gedenkstätte südlich der Prater Hauptallee zwischen Rotunden- und Rustenschacherallee: Konstantinhügel und Konstantinteich entstanden anlässlich der Weltausstellung 1873 – aus Aushubmaterial für die Rotunde. Na gut, es muss ja auch nicht immer alles in Stein gemeißelt sein. Prinz Hohenlohes Nachfolger wurde Rudolf Fürst von Liechtenstein, dessen Freunde ihn so beschrieben: »Als Obersthofmeister war er eigentlich nicht auf seinem Platze. Er hatte eine zu große Denkungsart für dieses Amt. Es war ihm innerlich vollständig gleichgiltig (sic!), ob die Fürstin X bei Hofe der Fürstin Y voran ging und ob die Etikette mehr oder weniger eingehalten wurde. In dieser Hinsicht war er das gerade Gegenteil des Fürsten Hohenlohe.«

Also quasi der Bruno Aigner der damaligen Zeit, der sich in mehr als 30 Jahren an der Seite unseres Bundespräsidenten in Alt-68er-Manier beharrlich dem Krawattenzwang verweigert. »Rudi«, wie ihn Kaiserin und Kaiser nannten, sah sich eher als Freund der Familie, denn als gestrenger Meister des Zeremoniells.

Dafür schien ihm sein Neffe, Alfred Fürst Montenuovo, weit besser geeignet, und so schuf er extra für jenen den Posten des zweiten Obersthofmeisters. Diese Berufung wiederum sorgte für »Ahs« und »Ohs« in der Hofgesellschaft, weil sie erstens klar nepotistischen Charakter hatte und zweitens Montenuovo selbst ein Großneffe des Kaisers war, allerdings ein illegitimer. Seine Mutter war nämlich Erzherzogin Marie Louise, die eigentlich noch mit Napoleon Bonaparte verheiratet war, der wiederum, ja, nach St. Helena verbannt worden war. Montenuovos Mutter also hatte ein fruchtbares Intensiv-Pantscherl mit einem Adam Graf Neipperg, einem ihr zugeteilten Militär, eines der Kinder war Alfred. Also war der Fürst für die Habsburger-Familie nicht standesgemäß und für den Adel zu kaiserlich.

Ab 1908, nach dem Tod seines Onkels, geriet Fürst Montenuovo vor allem in den Machtkampf zwischen dem alten Kaiser und dem neuen Thronfolger Erzherzog Franz Ferdinand – Kronprinz Rudolf hatte sich ja in Mayerling das Leben genommen. Franz Ferdinand hatte zwar seinen Willen durchgesetzt und seine große Liebe, Sophie Gräfin Chotek, eh aus uraltem böhmischem Adel abstammend, aber eben nicht von kaiserlich ebenbürtigem Blute, geheiratet. Das Kaiserhaus sah jedoch keinen Anlass für eine Ausnahme im Hofzeremoniell, das heißt: Die Frau des Thronfolgers durfte bei offiziellen Anlässen nicht an seiner Seite erscheinen, nicht in der Hofburg wohnen und so weiter.

Sowohl Montenuovo als auch Franz Ferdinand haben also unter den verzopften Standesdünkeln der Habsburger gelitten, der politische Interessenkonflikt aber überdeckte die Gemeinsamkeiten. Alfred Montenuovo stand loyal auf der Seite des herrschenden Monarchen, Erzherzog Franz Ferdinand hingegen, ein weitgereister, aufgeklärter, moderner Mensch, träumte von den »Vereinigten Staaten von Groß-Österreich«. Der Kaiser wollte von diesen Ideen nichts hören, und Montenuovo sorgte dafür, dass der Thronfolger dem Herrscher nicht zu nahe kam, um »k. u. k. reloaded« zu diskutieren. Das Attentat in Sarajevo beendete Spekulationen, wie es denn hätte werden können. Nach der Ermordung des Thronfolgerpaares schrieb Karl Kraus in der »Fackel«: »Franz Ferdinand war die große Hoffnung dieses Staats für alle, die noch glaubten, daß im Vorland des großen Chaos ein geordnetes Staatsleben durchzusetzen sei ...« Und Montenuovo ging als der Obersthofmeister in die Literaturgeschichte ein, der bei den Begräbnisfeierlichkeiten nichts anderes im Sinn gehabt hatte als die Unebenbürtigkeit von Erzherzog Franz Ferdinand und Gräfin Chotek zu dokumentieren. Das tat er, indem er zum Beispiel den Sarg des verstorbenen Thronfolgers höher aufstellen ließ als den seiner Frau, die Anwesenheit von europäischen Staatsoberhäuptern verhinderte, etcetera. Karl Kraus hat das jedenfalls in »Die letzten Tage der Menschheit« verewigt. Darin wird Montenuovo als kalter und herrischer Kerl beschrieben, der laut seinem ihm hündisch ergebenen »Hofrat Nepalleck« angesichts des Thronfolgermordes »sofort die Initiative« ergriffen hat, was das Protokoll für die Begräbnisfeierlichkeiten betraf, die dann so feierlich gar nicht waren:

SÜDBAHNHOF. Im fahlen Morgenlicht ein Raum, von dem aus man durch eine große Türöffnung den Hofwartesalon überblickt. Dieser selbst ist ganz mit schwarzen Tüchern drapiert. In der Mitte des Saals, für die draußen Stehenden anfangs noch sichtbar, zwei Sarkophage, deren einer um eine Stufe tiefer steht; rings um die Särge hohe Leuchter mit brennenden Kerzen. Kränze. Gebetstühle. Schwarz livrierte Lakaien sind eben damit beschäftigt, die letzten Kerzen anzuzünden und die zum Empfang der Trauergesellschaft notwendigen Vorbereitungen zu treffen. Im Vorraum und auf dem noch sichtbaren Teil der Treppe drängt sich Publikum, das von Polizeibeamten geordnet wird. Würdenträger, Funktionäre in verschiedenartigen Uniformen erscheinen, bleiben im Vorraum oder verschwinden im Saal, wechseln stumm oder flüsternd Grüße. Ein unablässiges Kommen und Gehen. Eine Abordnung von Gemeinderäten in Frack erscheint. Hofrat Nepalleck tritt mit allen Anzeichen tiefster Niedergeschlagenheit auf und nimmt von zahlreichen Anwesenden Kondolenzen entgegen. Dieser und die folgenden Vorgänge spielen sich im Zwielicht ab. Die Gespräche sind die von Schatten.

NEPALLECK: Es ist das Furchtbarste, Durchlaucht ist ganz trübsinnig und durch Unwohlsein verhindert, der höchsten Trauerfeier persönlich beizuwohnen. Auch der Graf Orsini-Rosenberg muß das Bett hüten. Es ist über uns hereingebrochen.

ANGELO EISNER V. EISENHOF: Er war mein Freund. Ich bin ihm nahegestanden. Zum Beispiel bei der Eröffnung der Adriaausstellung. Aber was ist mein Schmerz, verglichen mit dem Ihren, lieber Hofrat! Was muß ein Mann wie Sie in diesen Tagen durchgemacht haben!

NEPALLECK: Mir bleibt doch nichts erspart.

Die Historikerin Martina Winkelhofer hat die Begräbniszeremonie in ihrem Buch »viribus unitis« noch einmal untersucht: Franz Ferdinand hatte in seinem Testament seine Bestattung in Schloss Artstetten verfügt, was eine zeremonielle Debatte darüber erübrigte, ob seine Frau etwa doch mit ihm in der Kaisergruft beerdigt werden könnte oder eben nicht. Der Trauerzug führte vom Südbahnhof zur Hofburgkapelle, wo die beiden Särge vier Stunden lang aufgebahrt waren. Dass diese Zeit relativ kurz bemessen war, bleibt ohne historisch gesicherte Erklärung. Danach wurden die Särge zum Westbahnhof gebracht, um weiter nach Artstetten transportiert zu werden (das Schloss liegt nahe der Donau zwischen Melk und Ybbs).

Winkelhofers Fazit: »Alle sich in der Literatur bis heute haltenden Vorwürfe der bewusst verminderten Leichenfeierlichkeiten können nach Überprüfung der Quellen nicht aufrechterhalten werden … Was bleibt ist die Frage, warum die Tragik des politischen Mordes nicht durch eine imposantere Trauerfeier abseits aller Hofvorschriften ausgedrückt wurde … Der Verzicht auf ausländische Staatsoberhäupter beim Begräbnis war nicht nur unangemessen, sondern auch ein politischer Fehler …«

Derartig große Aufmerksamkeit um das Tun oder Nichttun eines Obersthofmeisters hat es jedenfalls in Österreich nie wieder gegeben. In der größten noch existierenden Monarchie Europas allerdings schon und zwar 1997, nachdem Lady Diana tödlich verunglückt war. Die Bevölkerung nahm es dem englischen Königshaus sehr übel, dass die Flagge auf dem Buckingham Palast nicht sofort nach Bekanntwerden des tragischen Unfalls zum Zeichen der Anteilnahme und Trauer auf Halbmast gesetzt wurde, selbst Premierminister Tony

Blair scheiterte mit dieser Forderung an Queen Elizabeth II. Etwaige zeremonielle Gründe dafür mag die Queen vielleicht gehabt haben: Diana Spencer war von Prinz Charles bereits geschieden, also nicht mehr Mitglied des Königshauses, etcetera. Irgendjemand muss die englische Königin dann doch davon überzeugt haben, dass es nicht ratsam wäre, sich einem Mythos entgegenzustellen: Das Begräbnis von »Lady Di« wurde zum meistgesehenen Event aller Zeiten. Mehr als 2,5 Milliarden Menschen verfolgten die Live-Übertragung im Fernsehen. Der Union Jack wurde auf Halbmast gesetzt und die Sympathiewerte des englischen Königshauses stiegen wieder.

Resümee: Von Texten, Ämtern und Gesandten

Natürlich hat sich seit Ende der Monarchie manches bei uns geändert, dazu komme ich gleich, aber im Prinzip? Geblieben ist die durch die Habsburger geprägte Vorstellung, dass die Gestaltung der Welt im Verfassen eines – möglichst umständlich formulierten – Textes besteht. Das Bearbeiten von Akten von Sonnenauf- bis Sonnenuntergang ist nach wie vor politische Praxis. Okay, die Spitzen der Regierung hecheln grinsend und Hände schüttelnd von einem Termin zum nächsten, dahinter aber steht eine Verwaltung, die unablässig Bestimmungen, Formulare, Urkunden oder Aktennotizen erstellt. Die überwiegende Zahl der im österreichischen Parlament beschlossenen Gesetze entsteht gar nicht dort, sondern in den Ministerien und wird in Form von Regierungsvorlagen – eher weniger als mehr diskutiert und durchleuchtet – im Hohen Haus durchgewunken. »Goubernative« nennt die Politikwissenschaft eine

Gesetzeswerdung, die nicht durch die Parlamentarier, sondern durch Regierungsbeamte stattfindet. Und was sich eine Etage drunter abspielt, auf der Ebene der Verordnungen, welche die Minister selbstständig erlassen können, das habe ich bereits kurz zu beleuchten versucht.

Dazu kommt, dass wir in Österreich zwar das Parlament, nicht aber die Regierung wählen können. Diesen Umstand machte sich Wolfgang Schüssel zunutze, als er im Jahr 2000 als »Wendekanzler« antrat. Aus dem Ergebnis der vorangegangenen Nationalratswahl, bei der die ÖVP nur an der dritten Stelle landete, konnte er seine Sendung zum Kanzler wohl nicht ableiten. Ich orte bei ihm vielmehr josefinische Züge. So wie jener Jahre lang hinter der übermächtigen Maria Theresia stand, war Schüssel ewiger Zweiter hinter Franz Vranitzky. »Kleiner Prinz« wurde er schon spöttisch genannt. Doch er spürte, dass ihn Österreich brauchte – auch wenn Österreich dies gar so sehr nicht spürte. Um Viktor Klima zu überwinden, ging er einen Pakt mit Jörg Haider ein. Der eigentliche Ersatzkaiser, UHBP Thomas Klestil konnte es nur stumm und mit steinerner Miene geschehen lassen. Endlich war Wolfgang I. an der Macht, da konnte ihm die ganze EU den Buckel runterrutschen.

Die vielen guten Dinge, die er für sein Land tat, wurden ihm wenige Jahre später bitter vergällt, als er, für ihn völlig überraschend, die übernächste Nationalratswahl verlor. Die unmittelbar nächste hatte er ja noch souverän für sich entschieden, nachdem sich die FPÖ selbst pulverisiert hatte. Dabei war Schüssel – vor allem nach eigener Anschauung – der ideale Kanzler, der unser Staatsschiff mit Weitblick, Beharrungsvermögen und oft eisernem Schweigen lenkte. Dazu noch gottesfürchtig, musisch und künstlerisch begabt, ausgesprochen sportlich – außer vielleicht beim Eisstockschießen – kurz: ein Herrscher nach dem Vorbild Joseph II., der seine volle Macht aber sogar noch kürzer ausüben durfte als jener. Besiegt wurde Schüssel allerdings nicht durch den Tod, sondern ausgerechnet durch Alfred Gusenbauer!

Gusi selbst war als Staatschef eher so eine Art Ferdinand der Gütige, wenn auch mit völlig reziproken intelligiblen Fähigkeiten. Ob er auf den Umstand, dass die ÖVP ihm die Hälfte aller Ministerien und noch dazu alle wichtigen abgeluchst hatte, mit »Ja derfen s' denn des?« reagierte, ist nicht überliefert.

Von Werner Faymann wissen wir bis dato nur, dass er einen sehr fähigen Obersthofmeister und mit der ständig renitenten ÖVP auch so seine Zores hat. Ob es ihm gelingen wird, zumindest den Geldadel abzuschaffen, bleibt abzuwarten. Jedenfalls hat auch er durchaus ein gewisses Maß an hofprotokollarischem Bewusstsein. Er mag es nicht, wenn Enten quaken, während er spricht, das ist doch verständlich, oder? Vor den ORF-Sommergesprächen 2009 in freier Natur teilte seine Pressesprecherin dies der ORF-Redakteurin mit.

In einem Punkt allerdings müssen wir uns leider geschlagen geben. Die frühere Auffassung, dass ein Ministeramt ein Ehrenamt ist, hat sich in Österreich unglücklicherweise nicht gehalten. Während Verfehlungen im eigenen Ressort seinerzeit als persönliche Unzulänglichkeiten gedeutet wurden und die Betroffenen gesenkten Hauptes ihren Stuhl verließen, wissen unsere heutigen Minister gleich einmal von gar nix, also kann man ihnen auch nix anlasten. Und wenn ein Untergebener im Amte Mist gebaut hat, dann soll doch der gehen. Schließlich macht es bei dem ja nicht soviel, denn er verdient ja kaum was und steht auch nicht in der Öffentlichkeit, also wen juckt's?! Diese Art von Amtsverständnis ist eine singuläre republikanische Eigenheit, auf die ich gerne verzichtet hätte.

WER WAR ER DENN, DER KAISER?

Zwei diametral entgegengesetzte Sichtweisen zu Beginn:

Lernen müssen alle Kinder,
Unser Franzi auch nicht minder.
Das Gehorchen ist sehr schwer,
Doch's Befehlen noch viel mehr.
Ein guter Kaiser ist ein Mann,
Der Alles weiß und Alles kann.
Im ganzen, großen Österreich,
Kam Keiner dem Franz Josef gleich.
Des Reiches Stolz ist er geworden,
Und bedeckt mit höchsten Orden,
Auf dem Haupt die Kaiserkron',
Bestieg er Öst'reichs Herrscherthron.«

(aus dem Bilderbuch »Unser Franzi. Wahre Geschichten aus der Kinderzeit unseres lieben Kaisers Franz Josef I.«, erschienen 1908 zum 60-Jahre-Jubiläum)

Wie war er? War er dumm? War er gescheit?
Wie fühlt' er? Hat es wirklich ihn gefreut?
War er ein Körper? War er nur ein Kleid?
War eine Seele in dem Staatsgewand?
Formte das Land ihn? Formte er das Land?
Wer, der ihn kannte, hat ihn auch gekannt?
Trug ein Gesicht er oder einen Bart?
Von wannen kam er und von welcher Art?

Blieb nichts ihm, nur das Wesen selbst erspart?
War die Figur er oder nur das Bild?
War er so grausam, wie er altersmild?
Zählt' er Gefallene wie frisches Wild?
Hat er's erwogen oder frisch gewagt?
Hat er auch sich, nicht nur die Welt geplagt?
Wollt' er die Handlung oder bloß den Akt?
Wollt' er den Krieg? Wollt' eigentlich er nur
Soldaten, und von diesen die Montur,
Von der den Knopf nur? Hat er eine Spur
Von Tod und Liebe und vom Menschenleid?
Nie prägte mächtiger in ihre Zeit
Jemals ihr Bild die Unpersönlichkeit.

(Karl Kraus: Die Fackel, 1920)

Wie war denn der Kaiser eigentlich so? Gab es auch einen privaten Kaiser abseits des offiziellen Protokolls? Der eigenen Familie gegenüber gab er in erster Linie die Rolle des Patriarchen – Historikerin Martina Winkelhofer beschreibt die Hierarchie innerhalb des »Hauses Österreich« so: »Seit Kaiser Leopold II., dem Urgroßvater Franz Josefs, gab es fünf Familien des Hauses Habsburg Lothringen. Die Hauptlinie des Kaisers, die Linie Toscana (die ehemaligen Großherzöge der Toscana bis 1859), die Linie Rainer (ehemalige Vizekönige der Lombardei), die ungarische Joseph-Linie, die die Palatine Ungarns stellten und auch in Ungarn lebten, und die militärische Karl-Linie, die Nachkommen des Siegers von Aspern Erzherzog Karl. Die Stellung der einzelnen Familienmitglieder richtetet sich nach ihren Familien und deren Nähe zum Thron. Zuerst kamen der Kaiser, sein Sohn, seine Brüder, dann die Familie Toscana, die Familie Karl, danach die Familien Joseph und Rainer.«

Zum allsonntäglichen Familien-Diner musste jedes im Umkreis der Hauptstadt wohnende Familienmitglied in der Hofburg oder in Schönbrunn antanzen. Als Entschuldigung, die schriftlich beim Obersthofmeister einzureichen war, galten lediglich offizielle Aufgaben oder Krankheit. Und wenn der Kaiser Letzteres nicht so ganz glauben wollte, schickte er einen Arzt zur Überprüfung.

Die Familientreffen waren immerhin die einzige Gelegenheit, den Kaiser zu duzen, wenn auch mit der Anrede »Majestät«. Das Wort des Kaisers war auch in der Familie Gesetz. Franz Josef entschied über das Leben jedes Einzelnen bis ins allerletzte Detail. Über Aufenthaltsort, Ausbildung, Karriere und Heirat.

Aus der kaiserlichen Umklammerung konnten sich nur diejenigen befreien, die entweder genügend Vermögen besaßen, um sich irgendwo weit weg von Wien und der Einflusssphäre Franz Josefs niederzulassen, oder die, die auf ihre herrschaftlichen Ansprüche pfiffen. Die wichtigsten gesellschaftlichen »Musts« hatte schließlich auch die gesamte Hofgesellschaft vom Neujahrsempfang bis zu Fronleichnam absolviert und konnte sich danach – spezielle Einladungen ausgenommen – bis zum darauffolgenden Jahr aus der Hauptstadt auf die eigenen Schlösser und Güter in die Sommerfrische zurückziehen.

Die in Wien lebenden Familienmitglieder waren auf das kaiserliche Einverständnis angewiesen. Das begann bei der Wahl des Obersthofmeisters, des Sekretärs etcetera (jeder Erzherzog hatte seinen eigenen kleinen Hofstaat) und endete im Alltag.

Franz Josef bestimmte über jede auch noch so kleine Einzelheit: welcher Lehrplan für welchen Erzherzog in Frage kam, oder ob ein Erzherzog samt Familie einen Kinderball besuchen durfte – in den Papieren findet sich beispielsweise die kaiserliche Zustimmung »Kann auf den Ball gehen« auf die Anfrage Prinz Hohenlohes für Erzherzog Ludwig und dessen Familie betreffs einer Einladung des Fürsten Dietrichstein. Inwieweit sich zum Beispiel der amtierende niederösterreichische Landes-Kaiser Erwin Pröll bei der Erziehung seines Neffen Joseph eingemischt hat, konnte ich übrigens nicht verifizieren, aber »es ist ja was worden, aus dem Buben«.

Zu seinen eigenen Kindern war Kaiser Franz Josef sehr streng. Die Rolle des gütigen Monarchen erfüllte er erst im Alter – die Enkelkinder profitierten von der Gelassenheit des Opas. Was den Lebenswandel und die Liebesangelegenheiten seiner Familie betraf, so war der Kaiser mit Sicherheit konservativer als viele seiner habsburgischen Vorgänger. Wann immer einer oder eine aus dem Kreise des Erzhauses für Komplikationen auf dem Gebiet der Ehe und Liebe sorgte, reagierte der Herrscher forsch. Vor allem die Erzherzöge hatten ein einwandfreies Leben zu führen – eine Anforderung, der sie oft nicht entsprachen. Ausflüge zu den Heurigen am Rande der Stadt, zuweilen kombiniert mit dem Besuch einer oder mehrerer Prostituierter, standen auf der Tages- oder vielmehr Nachtordnung und waren dem konservativen Kaiser ein Gräuel. Als ihm das Treiben des Nachwuchses zu bunt wurde, wies Franz Josef die Torwachen der Burg an, eine Liste über jeden Ein- und Ausgang in den Nachtstunden zu führen. Dieses Protokoll wurde dem Monarchen dann jeden Morgen zum Studium vorgelegt. So blieb den Erzherzögen auf allerhöchste Anfrage über den Zweck ihrer Ausgänge nichts anderes übrig, als vorzuschützen, wegen »Kopfschmerzen einen nächtlichen Spaziergang« gemacht zu haben. Der Kaiser musste sich mit derlei Ausreden zufrieden geben, obwohl er vermuten konnte, was hinter den nächtlichen Ausflügen steckte. Dass der Kaiser mit seinem Verdacht nicht so falsch gelegen haben konnte, beweisen frühe Tagebucheintragungen seines Sohnes, Kronprinz Rudolf, der später auch wegen seiner zahlreichen Affären immer wieder ins Gerede kam. Bereits im zarten Alter von 14 Jahren notierte der Kronprinz laut Chris Stadtlaender in »Habsburg Intim«: »300 fl. (Gulden, Anm.) pfutsch, 500 fl. pfutsch! Alles Gute nicht möglich wegen verschiedenen Verhältnissen, nur eine Blondine angepirscht (sic!), von Ehre sie gesprochen, um mehr als 5 fl. aus mir herauszudrücken, ich nicht eingegangen, abgeschlossen.«

An anderer Stelle war Rudolf offensichtlich erfolgreich: »Heute abends am Beginn der Kastanienallee, ein blondes Fräulein lang gesprochen. Sie endlich angepackt. Sie mir entwischt. Ich habe Kleider aufgehoben etc. 5 fl. ihr heute gezahlt. Sie für morgen ½ 8 abends wieder vor den Stall bestellt. Morgen! Für 20 Gulden tut sie alles!« Die hohen Herrschaften (und wahrscheinlich nicht nur die hohen) waren sexueller Freizügigkeit gegenüber recht aufgeschlossen. Den Damen blieb diese Freiheit, wie viele andere, verwehrt.

Promiskuität ist auch rund 140 Jahre später ein Thema. Im Feber 2010 diskutierte die Öffentlichkeit eine Aktion in der Wiener Secession, bei der der Schweizer Christoph Büchel mit »Element6«, der Wiener »Bar für kontaktfreudige Paare und Singles« (Eigendefinition), im Untergeschoß des symbolträchtigen, weil für Provokation stehenden Kunst-Gebäudes, für zwei Monate einen Swingerclub installierte.

Die »Krone« berichtete darüber beispielsweise unter dem Titel »Swingerclub in Secession bringt FPÖ zum Dichten« folgendes: »Alles kann, nichts muss: Getreu diesem bekannten Swingerclub-Motto hat die Wiener FPÖ ... ein ungewöhnliches Mittel bemüht ... der Partei-Pressedienst ... adressierte Kulturstadtrat Andreas Mailath-Pokorny (SPÖ): ›Der Mailath ist ein schlimmer Bub und fördert einen Swingerclub! Er dürfte nicht ganz richtig ticken, 90.000 nur für's ...?‹ Geschlechtergerecht kam auch Finanzstadträtin Renate Brauner (SPÖ) in der Swingerclub-Causa zum Handkuss: ›Der Mailath swingt, die Brauner lacht – wenn das ist Kunst – dann gute Nacht!‹ Und auch SP-Bürgermeister Michael Häupl blieb nicht verschont von der freiheitlichen Poesie: ›Während alte Leute frieren, lässt Häupl schwitzend kopulieren.‹«

Die Wiener FPÖ behauptete also »Orgien und Gruppensex, der Wiener Steuerzahler peckt's« und initiierte eine Diskussion im Wiener Gemeinderat. Stadtrat Mailath-Pokorny (Sie erinnern sich an meine Zeilen über den Adel) hielt für seine SPÖ mit den Argumenten »Was Kunst ist, definiert sicher nicht die Politik.« und »Das, was nicht verboten ist in dieser Stadt, ist erlaubt« dagegen. Zur Sicherheit beschloss er doch noch ein Wähler beruhigendes »Dieser Teil der Ausstellung erhält kein öffentliches Geld« nachzuschießen.

Heute ist die kalkulierte Swingerclub-Provokation lang wieder vergessen, die Aufreger von damals, die Secession, der Beethovenzyklus von Gustav Klimt oder das Loos-Haus am Michaelerplatz hingegen sind Denkmäler der Kulturgeschichte.

Franz Josef soll ja sogar in seinen letzten Lebensjahren wegen der schmucklosen Fassade des Loos-Hauses keinen Blick mehr in Richtung Kohlmarkt verschwendet haben. Wenn's stimmt: Schade eigentlich, aber wir hätten ihm sowieso eher den Besuch der Loos'schen »American Bar« empfohlen (für alle, die sie noch nicht gesehen haben – Wien, Innere Stadt, Kärntner Durchgang Nr. 10 – ein Juwel).

Ende des 18. Jahrhunderts entwickelte sich das »Wiener Kaffeehaus« zu einer Institution: Künstler, Dichter, Denker, aber auch gewöhnliche Menschen nutzten die Lokale zur Entspannung, zur Diskussion oder manchmal auch nur dafür, winters in einem beheizten Raum verweilen zu können. 1819 gab es bereits 150 derartige Lokale in der Reichshauptstadt – kurz vor dem Ende der Monarchie zählte man in Wien rund 1000 Kaffeehäuser. Allein auf der Ringstraße gab es 29 (in den Wirtschaftswunderjahren dann größtenteils zu Autosalons umfunktioniert, heute oft Restaurants).

Die Schauspieler trafen sich im »Dobner« am Naschmarkt, Operetten- und Revue-Künstler gingen vornehmlich ins Café »Payer«, Vertreter der Wirtschaft besuchten mit Vorliebe den »Heinrichshof«, die legendären Kaffeehaus-Literaten trafen sich zunächst im »Griensteidl« und wechselten nach dessen Schließung ins »Café Central«. Für Mitglieder des Kaiserhauses waren die Cafés der Stadt tabu. Wenn überhaupt, dann konnten Hochadelige nur incognito auf einen kleinen Braunen oder Einspänner einkehren. Kaiser Franz Josef selbst beklagte dieses Verbot während einer Audienz für den Journalisten Emanuel Singer mit den Worten: »Sie haben's gut, Sie dürfen ins Kaffeehaus gehen.«

Sisi – Der Widerstand

Apropos dürfen oder nicht dürfen: Das bekannteste Beispiel für eine Person, die sich absolut nicht mit unausgesprochenen Erwartungen und strikten Zwängen höfischer Rituale anfreunden konnte und wollte, war ausgerechnet der Mensch, der dem Kaiser am nächsten stand – Franz Josefs Ehefrau Elisabeth.

Mit historischem Abstand betrachtet, war das kein Wunder. Sisi war schließlich in einem Elternhaus aufgewachsen, das sie gar nicht auf die Rolle einer künftigen Kaiserin programmiert hatte. Vater Max in Bayern hatte keine Regierungsfunktionen, dafür viel geerbt und ein großes Herz für Kultur. Der begeisterte Zitherspieler galt als einer der bedeutendsten Förderer bayerischer Volksmusik des 19. Jahrhunderts, reiste viel, war sehr belesen, jedoch auch ein Hallodri und verblüffte seine Gäste hin und wieder mit Reitkunststückerln und Auftritten als Clown.

Sisi verbrachte ihre Kindheit und Jugend unter der Obhut ihrer Mutter mit ihren Geschwistern in München und Schloss Possenhofen am Starnberger See, in einer für damalige Verhältnisse ziemlich liberalen Atmosphäre – und dann, sie war noch keine 16 Jahre jung, begann die ganze Tragödie mit dem Kaiser. Den Klischees der blühend zarten Liebe zwischen Franz Josef und Elisabeth – Traumstoff für die »Sissi«-Filme – können wir nichts Neues hinzufügen.

Elisabeth hat allerdings schon zwei Wochen nach ihrer Hochzeit, am 8. Mai 1854, Folgendes geschrieben:

Ich bin erwacht in einem Kerker
Und Fesseln sind an meiner Hand

Und meine Sehnsucht immer stärker
Und Freiheit Du mir abgewandt!

Die junge Kaiserin litt zunehmend unter der ernüchternden Realität. Sie hatte zwei Töchter, Sophie Friederike (die jedoch nur zwei Jahre alt wurde) und Gisela, sowie einen Sohn, den dynastiesichernden Thronfolger Rudolf geboren. Sisi hatte allerdings mit den Eigenheiten des Hofzeremoniells und der stets geforderten Repräsentationspräsenz nichts am Hut. Sie fühlte sich einsam, krank und floh weit, weit weg: nach Madeira.

Erst rund zwei Jahre (!) später – nach ihren Aufenthalten in Madeira, Korfu, Venedig und so weiter, wo sie Franz Josef und die Kinder von Zeit zu Zeit besuchten –kehrte Sisi an den Wiener Hof als jene selbstbewusste Frau zurück, deren Schönheit zur Legende wurde. Ihr Leben wollte sie von da an nach ihren eigenen Vorstellungen gestalten, die damals vermutlich revolutionär erschienen. Zum Beispiel die Einrichtung eines Turnzimmers mit Sprossenwand, Ringen und Massagebett in der altehrwürdigen Hofburg.

Selbstfindung auf majestätischem Niveau: dafür ließ Elisabeth den Kaiser bezahlen. Als Highlight gilt die Reise auf die englische Isle of Wight, wo sie sich von George »Bay« Middleton, dem persönlichen Adjutanten des irischen Lord Spencer, in der perfekten Jagd- und Reitkunst unterweisen lassen wollte. Sisi brach am 2. August 1874 gemeinsam mit Tochter Marie Valerie (das vierte Kind) in Richtung des britischen Empire auf. Wie aus dem Hofprotokoll ersichtlich ist, wurde der kaiserliche Salonzug am Wiener Westbahnhof mit 40 (!) Tonnen Gepäck beladen.

Mögliche Erklärung: Elisabeth war nicht gewillt, auf der Reise irgendwo auf kaiserliche »Basics«, wie ein Badezimmer oder ihren geliebten Turnsaal, zu verzichten – die Gerätschaft dafür musste ergo mitgeführt werden. Zudem produzierte die Kaiserin auf ihrer Fahrt stattliche Nebenkosten, weil beispielsweise dort, wo sie Station machte, ein separater, komfortabler Wartesaal für sie eingerichtet werden musste – und das, obwohl sie eigentlich inkognito unterwegs war, als »Gräfin von Hohenembs«.

Der sparsame Kaiser, dem derartiger Aufwand absolut fremd war, zahlte allein für diese Reitspaß-Reise 106.516 Gulden und 93 Kronen. Umgerechnet auf die damalige Kaufkraft des Gulden waren das rund 1,1 Millionen Euro. 70 Prozent der Bevölkerung kamen im Vergleich dazu nicht über ein Jahreseinkommen von 250 Gulden hinaus – ein Spitzenjob wie etwa Küchenchef am Hof des Kaisers brachte 1200 Gulden, selbst ein Uni-Professor verdiente nicht mehr als 2500 Gulden jährlich.

Pekuniäre Angelegenheiten dürften Elisabeth kaum interessiert haben. Sie war auf der Suche nach dem ultimativen Kick. Ob beim wilden Parforceritt querfeldein, bei dem selbst die Männer kaum oder nicht mitkamen, oder beim Erleben stürmischer Urgewalten des Meeres – die Herrscherin ließ auf der kaiserlichen Jacht einen Glaspavillon konstruieren, von dem aus sie einen uneingeschränkten Rundumblick hatte. »Wenn es stürmisch wird und wir auf hoher See sind, lass ich mich gewöhnlich an diesen Stuhl binden. Ich tue dies wie Odysseus, weil mich die Wellen locken.«

Zur Erinnerung sei hier nur kurz erwähnt, dass Odysseus weiland nicht von den Wellen, sondern vielmehr von den

»Sirenen« gelockt wurde. Odysseus hatte den Untergang Trojas durch eine List herbeigeführt, die Geschichte mit dem gleichnamigen Pferd ist Ihnen ja sicher geläufig. Danach wurde er von Poseidon, dem Gott des Meeres und Schutzgott der Stadt Troja, gnadenlos und rachsüchtig verfolgt. In seiner »Odysse«, einer jahrelangen Irrfahrt, wurde der listige Held ständig am Heimkommen gehindert. So kam er eines Tages an einer Insel vorbei, auf deren Felsen sich wunderschöne Frauen räkelten. Diese waren nicht nur ausgesprochen appetitlich an zu sehen, sie verströmten auch einen betörenden Gesang. Stellen Sie sich jetzt – je nachdem, was Ihnen gesanglich und erotisch am nächsten liegt, Anna Netrebko, Norah Jones oder Lady Gaga vor. Jeder Seemann jedenfalls, der das Singen hörte, steuerte geifernd die Küste der Insel an und – sein Schiff zerschellte an den Klippen. Odysseus war gewarnt worden und befahl seiner Mannschaft, sich Wachs in die Ohren zu stopfen, um das unheilvolle Rufen der Sirenen nicht zu hören. Er selbst ließ sich an den Mast fesseln, um nicht vor Sehnsucht irrsinnig ins Meer zu springen, und gab sich dieses bizarre Konzert ohne Gehörschutz.

Elisabeths Kampf gegen die Gewalten ist vielmehr mit einem berühmten Filmdokument aus dem Jahr 1994 zu vergleichen. »Forrest Gump«, die berührend-schräge Geschichte eines minderbegabten Mannes aus »Greenbow, Alabama«, dargestellt von Tom Hanks, der dafür übrigens den Oscar bekam, der Streifen selbst räumte noch fünf weitere ab, beinhaltet eine Episode, in der die Lust, sich einem Sturm auf hoher See aus zu setzen, eindrucksvoll dargestellt wird. »Dan Taylor«, dargestellt von Gary Sinise, ist Forrest Gumps kommandierender Offizier im Vietnamkrieg. Als kaputter Veteran, alkoholabhängig und doppelt beinamputiert, läuft, pardon rollt er seinem ehemaligen Rekruten zufällig über den Weg und betätigt sich als Ausguck auf dessen Schrimpkutter. In einem schrecklichen Gewitter auf See bleibt der lebensmüde Mann an Deck und fordert Gott heraus. Doch dieser lässt das Boot nicht kentern und Taylor erkennt, dass er auf dieser Welt noch eine Aufgabe hat. Aber ich schweife schon wieder ab. Sorry!

Jedenfalls war Elisabeth wohl eine richtige Seebärin, so sagt man. 1888 ließ sie sich, ganz und gar unkaiserlich, einen Anker auf die Schulter tätowieren – »was ich sehr originell und gar nicht so entsetzlich finde«, so Tochter Marie Valerie. Der Kaiser zeigte sich wenig begeistert. Vielleicht hätte ihm ja eine Gams besser gefallen, oder gar ein Hirsch? Na ja. Blicken wir ein weiteres Mal auf Sisis literarisches Oeuvre.

AN MEINEN MEISTER

Ich eil' ins Reich der Träume,
Mein Meister, da bist Du,
Es jubelt meine Seele
Begeistert schon Dir zu.

Dein Geist hat mich geleitet,
Beherrscht den ganzen Tag;
Ich fühlt', wie er gebreitet
Auf meiner Seele lag.

Er drang mit goldnen Worten
Bis in mein tiefstes Sein,
Und in mein Hirn da bohrten
Sich seine Lehren ein.

Auf schneebedeckten Pfaden
Ging ich wohl stundenlang;
Und welche Reize hatten
Für mich doch Steig und Hang!

Du warst ja mein Begleiter,
Hast mir so viel gesagt;
Ernst klang es oft, oft heiter,
Hab' stets es heimgebracht.

Doch lange jeden Abend
Steh' ich vor Deinem Bild,
Es in mein Herz begrabend,
Dass es die Qual dort stillt.

Und nun ins Reich der Träume!
Nur da ist endlich Ruh'
Für meine arme Seele;
Denn, Meister, da bist Du!«

Ja, was soll man da sagen? Kaiserin Elisabeths literarische Ambitionen sind im »poetischen Tagebuch« dokumentiert, das die k. u. k.-Spezialistin Brigitte Hamann herausgegeben hat. »Mein Meister« war Heinrich Heine, das große Idol der Monarchin.

Kleiner Exkurs in eigener Sache

Angesichts dieser Zeilen nehme ich mir jetzt auch etwas heraus! Schließlich ist dies mein erstes Buch und womöglich die einzige Gelegenheit, der Welt eine kleine Kostprobe meiner Lyrik zu schenken. Umso mehr, da ich kein Tagebuch führe, welches in hunderten von Jahren, wenn ich unfassbar berühmt, aber schon längst verblichen bin, ebenfalls herausgegeben werden könnte. Es müssen die späten 1980er-Jahre gewesen sein, da fühlte ich mich, damals noch Schüler einer Handelsakademie und dementsprechend literarisch vollkommen unterfordert, denn die übliche Geschäftskorrespondenz, die man da so lernt, ist zwar voll von Lügen, aber bar jeder Lyrik, durch eine Geschirrspülmittelwerbung im Fernsehen zu folgenden Zeilen inspiriert:

Zitronen, gelb und grün,
wollten mal den Himmel seh'n.
Konnten nicht fliegen,
blieben liegen.

Das wollte ich nur mal gesagt haben, weiter im Text. Denn: Gedicht ist nicht gleich Gedicht! Noch ein Beispiel aus Kaiserin Elisabeths Tagebuch - Wien, im Jänner 1887:

MEIN TRAUM

Ich war heut' Nacht ein Kaiser,
Doch freilich nur im Traum,
Dazu noch ein so weiser,
Wie's solchen gibt wohl kaum.

Nah' an die fünfzig Jahre,
Sitz' ich schon auf dem Thron,
So dacht' ich; sprech' ich wahre,
Niemand hat was davon.

Wo liegt der Hund begraben?
War doch, weiss Gott, nie faul,
Musst man fürs Heer was haben,
Nahm ich kein Blatt vor's Maul.

Schliesslich sind doch Soldaten
Allein des Staates Stütz';
Denn, wo sie die nicht hatten,
Ging alles in die Pfütz'.

That schön den Russen, Preussen,
Galt's meines Landes Wohl;
Ja, auf den Kopf sie sch...n
Liess ich mir demutsvoll.

Mich fand das Morgengrauen
Stets an dem Arbeitstisch;
Gewissenhaft zu schauen,
Pflegt' ich, nach jedem Wisch.

Es war seit früh'ster Jugend
Entsagen stets mein Los;
Ich lebte streng der Tugend
Nur im Familienschoss.

Wie endlos lange Stunden
Oft im Ministerrat
Ward mir der Geist geschunden
Durch Reden, dumm und platt.

Minister gingen, kamen;
Die ich all durchprobiert,
Nicht weiss ich ihre Namen,
Nur, dass sie mich blamiert.

Nur einer kam dazwischen,
Der macht' das Staatsschiff flott;*
Liess leider ihn entwischen;
Nun herrscht die alte Not.

** Gemeint war Graf Gyula Andrássy, österreichisch-ungarischer Außenminister von 1871 bis 1879, mit dem die Kaiserin zeitlebens befreundet war und der sie auch politisch beeinflusste.*

Nach langem Überlegen
Komm' ich jetzt zum Entschluss,
Dass hier mit Gottes Segen
Etwas geschehen muss.

Das arme Landvolk schwitzet,
Bebaut mühsam sein Feld.
Umsonst! Gleich wird stibitzet
Ihm wiederum das Geld.

Kanonen sind sehr teuer,*
Wir brauchen deren viel,
Besonders aber heuer,
wo Ernst wird aus dem Spiel.

** Ständige, eskalierende Konflikte zwischen Österreich-Ungarn und Russland am Balkan ab Mitte der Achtzigerjahre ließen einen Kriegsausbruch als nahe bevorstehend erscheinen.*

Wer weiss! gab's keine Fürsten,
Gab' es auch keinen Krieg;
Aus war' das teure Dürsten
Nach Schlachten und nach Sieg.

Vielleicht lässt sich was machen
Doch mit »vereinter Kraft«,*
Dass man aus alten Sachen
Hier noch was Gutes schafft.

** Anspielung auf Franz Josefs Wahlspruch »Viribus unitis«*

Drum aus den Republiken
Der grossen, weiten Welt
Die Schädel all, die dicken,
Hab' ich mir herbestellt.

Die müssen conferieren
Von Früh bis in die Nacht
Und mir dann referieren,
Was Völker glücklich macht.

Und sollten sie entscheiden,
Die Republik muss sein,
So willige mit Freuden
In ihren Wunsch ich ein.

Sprech: »Meine lieben Kinder,
Ich zieh' mich jetzt zurück,
Seid ihr nicht wahre Rinder,
Benützet ihr dies Glück.«

Den Traum, als ich erwachte,
Hab' keinem ich erzählt;
Sonst sperren sie mich sachte
Noch gar ins Bründelfeld.*

* *k. k. Irrenanstalt in Wien*

Angesichts der sozialen Stellung der Autorin – immerhin ist sie die Frau des Kaisers – ist das Gesellschaftskritik vom Feinsten, die den Hofstaat in unglaubliche Aufregung versetzt hätte. Hätte deswegen, weil Elisabeth nie den Mut fand, ihre Gedichte noch Zeit ihres Lebens zu veröffentlichen. Sie verfügte 1890, dass die Kassette mit ihren Tagebuchaufzeichnungen erst 1950, also sechzig Jahre später geöffnet werden dürfe. Aber so erfahren wir immerhin, was eine, die ganz oben mit dabei war, ohne jede Rücksichtnahme auf persönliche Beziehungen und potenzielle gesellschaftliche Eklats im Endeffekt über das Herrschaftssystem dachte. Bei aktuellen Biografien noch lebender bedeutender Machtmenschen kann man sich da nie so sicher sein, denn es wird ja ganz gern sofort gegen alles und jedes geklagt.

Geliebte

Doch wieder zurück zu Franz Josef. Kaiserin Elisabeth hatte sich dem Wiener Hofleben entzogen – und damit ihrem Ehemann. Was also blieb dem Kaiser privat außer ihr übrig?

Inoffizielle Genüsse sind naturgemäß weniger gut belegt, also lassen wir diese einmal beiseite. Im Jahre 1875 jedenfalls soll der Kaiser bei seinem morgendlichen Spaziergang im Schönbrunner Schlosspark mit dem anbaggernden Spruch »Sie gehen aber fleißig spazieren« Frau Anna kennengelernt haben, die für 14 Jahre seine Geliebte wurde. Anna Nahowski beschrieb den Vortag des ersten wirklich näheren Kennenlernens, das erst nach drei Jahren kaiserlichen Werbens, also 1878 stattfand, in ihrem Tagebuch, das natürlich auch erst lange nach ihrem Tode veröffentlicht wurde: »... Beim Abschied hielt Er mich noch zurück, u. sagte: Wenn ich komme, werden Sie das lästige Mieder nicht haben. Wenn Sie es wünschen werde ich keines anziehen. Wissen Sie was, fuhr Er fort, wenn Sie mich lieb haben, erwarten Sie mich im Bett ...«

Parallel dazu war Anna Nahowski zweimal verheiratet – zwei ihrer Kinder sollen vom Kaiser stammen. Für die Beständigkeit der inoffiziellen Beziehung zum österreichischen Monarchen sprechen jedenfalls ihre durchaus noblen Wohnorte in Wien-Hetzendorf und Wien-Hietzing, somit jeweils in Gehweite von Schloss Schönbrunn – ausgestattet mit geheimen Zugängen für den höchstherrschaftlichen Liebhaber. Und dafür spricht auch eine Abfindungserklärung: »Ich bestätige hiermit daß ich am heitigen Tag 200.000 fl (Gulden, Anm.) als Geschenk von Seiner Majestät den Kaiser erhalten habe. Ferner schwöre ich, daß ich über die Begegnung mit Seiner Majestät jederzeit schweigen werde. Anna Nahowski Wien, 14. März 1889.«

Wir finden in diesem Zitat übrigens eine dezente Wiener Eigenart, nämlich den Dativ durch den Akkusativ zu ersetzen, aber das haben Sie ja sicher schon längst bemerkt. Unklar ist, ob die Tragödie um den Selbstmord Kronprinz Rudolfs in Mayerling oder der Beginn der kaiserlichen Freundschaft zu Katharina Schratt zum Ende der Beziehung von Anna und Franz Josef geführt hatten. Annas Verabschiedung und Diskretion waren dem Habsburger umgerechnet zumindest geschätzte 1,6 bis 2,0 Millionen Euro wert. Dass die kaiserlichen Amouren nicht publik wurden, lag vermutlich einerseits am kleinen Wörtchen Zensur und andererseits daran, dass die Presse des 19. Jahrhunderts, die über Interna des Hofes natürlich schon gern berichtete, vor solcher Offenheit beim Intimleben des Herrschers von Gottes Gnaden wohl zurückgeschreckt wäre.

Affären und Pantscherln werden auch heute noch kaum kolportiert, so sie nicht öffentlich gelebt werden und die Beteiligten nicht gerade im Brennpunkt des aktuellen Interesses stehen. Untypische Ausnahme war die mediale Aufmerksamkeit, die »Täglich Alles« dem damaligen Bundespräsidenten Thomas Klestil schenkte. Der war 1992 nach seinem »Macht braucht Kontrolle«-Wahlkampf zum Staatsoberhaupt gewählt worden und seit einer Ewigkeit mit Gattin Edith verheiratet, hatte aber ein immer öffentlicher werdendes Verhältnis zu seiner Wahlhelferin und Mitarbeiterin Margot Löffler. Und so erschien die Boulevardzeitung am 24. Februar 1996 mit der berühmten Schlagzeile: »Klestil, wann gibst du die Löffler ab?« Die allgemeine Entrüstung war groß, der verantwortliche Chefredakteur wurde wenig später gegangen, Thomas Klestil ließ sich scheiden und heiratete seine »Madame Pompadour«, wie Margot Löffler von Erhard Busek schon zuvor, in Anspielung auf die wichtigste Mätresse Ludig XIV., genannt wurde. Margot Klestil-Löffler wurde nachgesagt, sich in sämtliche protokollarische Fragen einzumengen: Im diplomatischen Corps flüsterte man einander zu: »Don't cross her« – »Komm ihr nicht in die Quere«. Auch vom Hang zur politischen Einflussnahme auf ihren Gatten war oft die Rede – so soll der jahrelange Kleinkrieg zwischen Bundespräsident Klestil und Wolfgang Schüssel vor allem auf die Intimfeindschaft zwischen Margot Klestil-Löffler und dem Wendekanzler zurückzuführen gewesen sein.

Den Erzählungen nach hat Kaiserin Elisabeth Schauspielerin Katharina Schratt an den Kaiser vermittelt, um sich ungestört ihren eigenen Interessen widmen zu können. Wenn man das folgende Gedicht der Kaiserin liest, in dem sie ihren Mann »Oberon«, sich selbst wie so oft »Titania« und die Schauspielerin »Dein dicker Engel« nannte, dann hat Sisi in der populären Actrice kein ebenbürtiges Vis-à-Vis gesehen:

Dein dicker Engel kommt ja schon
Im Sommer mit den Rosen
Gedulde Dich, mein Oberon!
Und mach nicht solche Chosen!

Sie bringt mit sich ihr Butterfass,
Und läßt sich Butter bereiten,
Sie macht mit Cognac die Haare nass
Und lernt am End noch reiten.

Sie schnürt den Bauch sich ins Korsett,
Dass alle Fugen krachen,
Hält sich gerade wie ein Brett
Und »äfft« noch andere Sachen

Im Häuschen der Geranien
Wo alles fein und glatt,
Dünkt sie sich gleich Titanien,
Die arme, dicke Schratt.

Wie auch immer, die Kaiserin hatte einen zweiten Lebensmenschen für ihren Mann gesucht und gefunden. Ganz anders als die Kaiser-Gspusis war die Beziehung zu Katharina Schratt hochoffiziell. Wenn Sisi in Schönbrunn oder in der Hofburg weilte, nahmen Kaiser, Kaiserin, die Schratt und oft auch Sisis Tochter Marie Valerie gemeinsam das Mittagessen ein. Marie Valerie gefiel diese Konstellation nicht sehr und so notierte sie wiederum in ihrem Tagebuch am 7. Mai 1890: »Frau Schratt dinierte mit uns (zu viert), machte mit uns einen Spaziergang und blieb bis Abend. Ich kann nicht sagen, wie peinlich mir solche Nachmittage sind, wie unbegreiflich, dass Mama dieselben eher gemütlich findet.«

Apropos peinlich: In anderer Konstellation, aber dann doch ähnlich scheinen mir die Geschehnisse im medial omnipräsenten Lugner-Clan zu sein. Da gibt es Ex-Frau »Mausi« Christina, die trotz Scheidung mit ihrem Ex-Mann Richard und dessen neuer Freundin »Katzi« sowie der gemeinsamen Tochter Jacqueline samt Freund Helmut fernsehöffentlich Feste feiert und sogar »Familien«-Urlaube verbringt, was selten friktionsfrei gelingt, die Ex-Frau aber wiederum keineswegs davon abhält, Selbiges immer wieder zu tun.

Ganz so super hat Elisabeth die Freundin ihres Mannes dann wohl doch nicht gefunden. Im selben Jahr nötigte die Kaisern ihrer Tochter in einem Brief jedenfalls das Versprechen ab »falls ich stürbe, Papa auszureden, Schratt zu heiraten«.

Der Kaiser aber war von Katharina Schratt zweifellos sehr angetan – er schrieb beispielsweise 1888: »Meine gnädige Frau! Heute früh erhielt ich Ihren lieben, guten, langen Brief vom 12., für den Ich Ihnen wärmstens und innigst danke. Der beigeschlossene Gedankenbrief machte Mich unendlich glücklich, und wenn Ich nicht wüßte, daß Sie Mir gegenüber immer wahr sind, könnte ich an den Inhalt desselben kaum glauben, besonders, wenn Ich in den Spiegel sehe und Mein altes, runzliches Gesicht Mich aus demselben anblickt.«

Öffentlicher Auftritt oder privates Zusammensein, abendlicher Theaterbesuch oder gemeinsames Frühstück: Katharina Schratt und der Kaiser verbrachten viel Zeit miteinander. Grund genug für die Presse, auf der Suche nach Klatschgeschichten aus dem Kaiserhaus über das sonderbare Verhältnis des Herrschers zu einer Schauspielerin zu spekulieren. Dem Ischler Wochenblatt passierte dabei ein Freud'scher. Nach einem Bergausflug des Kaisers auf die »Hohe Schrott« hieß es im Bericht des Blattes: »Seine Majestät bestieg gestern in bester Verfassung die Hohe Schratt.«

Sei es, wie es sei. Wir gönnen unserem alten Kaiser auch im Nachhinein jeden Spaß. Die Schratt muss dem lieben Franz Josef viel gegeben haben, schließlich hat sie ihn einiges gekostet. So schenkte der Monarch seiner engen Freundin (für den

Status einer Geliebten gibt es den Historikern zufolge bis jetzt keinen Beweis – und das wird dann wohl so bleiben) ein Palais am Kärntner Ring und eine Villa in Hietzing, finanzierte die Spielsucht der Schauspielerin in Monte Carlo etcetera. 1911 erhielt Katharina Schratt eine Abfertigung in der Höhe von umgerechnet 14,5 Millionen Euro.

Dieser Reprint einer Extraausgabe des »Ischler Wochenblatts« ziert die Auslage einer Buchhandlung, die mit aktueller Literatur zur Vergangenheit dekoriert ist. Bad Ischl, August 2010.

Wieder einmal ein Apropos: Spaß. Wie viele seiner Untertanen schätzte Kaiser Franz Josef die seltenen Gelegenheiten, sich dem strikten Wiener Hofzeremoniell zu entziehen. In Ischl (das »Bad« kam erst 1906 davor) konnte er dem einzigen Vergnügen nachgehen, das er sich leistete – der Jagd. Wir zitieren nochmals Kammerdiener Ketterls Erinnerungen, diesmal zum Prunkstück jedes Alpinisten, der Lederhose: »Mit der Zeit speckig und blank gewetzt, sahen sie wie die ›echtesten‹ Hosen des nächstbesten Holzknechts aus. Doch zur Anschaffung neuer ›Lederner‹ konnte sich der Kaiser stets nur nach hartem Kampfe entschließen, aber auch dann mussten diese, ehe er sie anlegte, erst durch Auf- und Abreiben auf den Treppenstufen und auf alle mögliche andere Art künstlich alt und abgetragen gemacht werden – sonst erschienen sie dem hohen Herrn zu stutzerhaft.«

Kaiserlicher Hochgenuss also war die Jagd. Franz Josef gelang es, zwei Stück Wild zu erlegen, pro Tag versteht sich, hochgerechnet auf 86 Jahre. Insgesamt waren es nämlich rund 55.000 Stück. Im Vergleich zu seinem Neffen, Erzherzog Franz Ferdinand, war das freilich gar nix: Der schoss laut Statistik 274.889 Tiere.

Zu den kaiserlichen Schießkünsten meinten die »Jubel-Anekdoten« damals übrigens: »Im Jahr 1886 besuchte der Kaiser ein Schützenfest. Nach der Begrüßung machte er mit dem Festkomitee einen Rundgang durch die Festhalle und kam auch bis in die Küche, an deren Tür ihm Wein und Bier kredenzt wurde. Er führte den silbernen Becher an die Lippen und sagte: ›Ich trinke auf das Wohl der hier versammelten Schützen.‹ Ein dreifaches Hoch der Anwesenden drückte den Dank für diesen Trinkspruch aus. Dann wurde der Kaiser zu den Schießständen geführt, wo er mehrere Gewehre besichtigte. Schließlich trat er an die Industriestandscheibe Nummer 2, auf welche er dreimal schoss. Der Zeiger zeigte beim ersten Schuss ›hart an Schwarz‹, beim zweiten ›links hoch‹ und beim dritten ›links seitab‹, worauf Seine Majestät lachend sagte: ›Lassen wir's gehen, sonst wird's immer schlechter.‹«

Uniform und Militär

Dem »Zauber der Montur« soll Franz Josef schon sehr früh erlegen sein, wie Historikerin Katrin Unterreiner beschreibt: »Bereits im Alter von zehn Monaten zeigte sich der kleine Franz vom Militär fasziniert. Man ließ ihn kaum jemals das Schauspiel der Wachablöse im Inneren Burghof versäumen, wenn die neue Wache mit Pauken und Trompeten in den Burghof einmarschierte. Sophie (seine Mutter, Anm.) ließ ihm eine kleine Uniform schneidern und schenkte ihm ein kleines Holzgewehr, mit dem er ständig präsentierte. Entzückt schrieb sie in einem Brief an ihre Mutter: ›Du würdest nicht glauben wie hübsch er das zu machen versteht. Er ist zum Fressen mit seinem Gewehr, seiner Grenadiermütze auf dem Kopf, seinem Säbel an der Seite und dem kleinen Tornister auf dem Rücken. Als ich letzthin nach Hause kam, stand er vor meiner Türe, um mir beim Eintreten das Gewehr zu präsentieren…‹«

Interessant ist jedenfalls, dass sich Kaiser Franz Josef sein ganzes Leben lang stolz in verschiedenen Uniformen präsentierte, ohne jemals persönlich entscheidend in militärischen Auseinandersetzungen erfolgreich gewesen zu sein.

Was Letzteres betrifft, so muss man Franz Josef zugestehen, dass Österreich auch eine lange, lange Zeit eine ganz andere Politik verfolgte. Stichwort Kaiser Maximilian und die berühmte habsburgische Heiratspolitik: »Bella gerant alii, tu felix Austria nube. Nam quae Mars aliis, dat tibi regna Venus.«

Frei übersetzt (im Lateinischen existieren mehrere Versionen): »Mögen andere Kriege führen, du glückliches Österreich heirate. Denn die Königreiche, die Mars (Der Gott des Krieges, Anm.) anderen verschafft, schenkt dir Venus.«

Die Modernisierung des k. u .k. Heeres scheiterte zuweilen an der Zaghaftigkeit der Kommandanten. Die folgende Anekdote schildert den Besuch eine Waffenfabrikanten aus den USA, der ein Schnellfeuergewehr erfunden hatte, einen Vorläufer der heutigen Maschinengewehre. Also begab man sich mit dem Mann in höchster militärischer Besetzung auf den Truppenübungsplatz in Bruck an der Leitha, um der Demonstration der »Wunderwaffe« beizuwohnen. Der Waffenbauer schoss dabei aus großer Entfernung die Initialen »FJ« in eine Zielscheibe. Das machte zunächst Eindruck bei der versammelten Generalität. Dann stellte der Ami auf Dauerfeuer um und schoss innerhalb von Sekunden das komplette Magazin leer. In der folgenden Stille blickten alle auf den Kriegsminister. Der aber schüttelte bedauernd den Kopf und meinte resigniert: »Mein lieber Mister, damit is nix. Da hätt' ma ja in ein paar Minuten das ganze Budget verschossen.«

Das ist der heutigen Situation nicht unähnlich. Drastische Einsparungen sind angesagt: Das österreichische Bundesheer hat Panzer, die zur Hälfte eingemottet werden und Eurofighter, die aus Kostengründen möglichst wenig fliegen sollen. Selbst Tiere machen jetzt schon gegen das Heer mobil – Störche behindern den Flugverkehr der Eurofighter in Zeltweg, und die Panzer sollen bei der alljährlichen Parade am Wiener Heldenplatz nicht mehr bestaunt werden können, weil ausgerechnet dieser Platz in eine Hundezone umgewandelt wird.

Manche Kasernen rotten vor sich hin, der Assistenzeinsatz des Bundesheeres an der »gefährdeten« burgenländischen Grenze zum EU-Nachbarn Ungarn ist ein Politikum, aber ineffizient, und für Schießübungen ist auch kein Geld mehr da. Deutschland beispielsweise diskutiert heftig über die Einführung eines Berufsheeres, was auch in Österreich die Auseinandersetzung mit Sinn und Zweck der allgemeinen Wehrpflicht anheizt. Die allgemeine Wehrpflicht wurde in Österreich übrigens unter Kaiser Franz Josef eingeführt, der in hohem Alter die Möglichkeiten seiner Armee recht realistisch sah.

Als der Erste Weltkrieg begann, herrschte im Volk die allgemeine Ansicht vor, dass der Feldzug rasch zu Ende gehen würde. Längstens bis Weihnachten 1914 würde man den Feind geschlagen haben und das siegreiche Heer wieder in der Heimat stehen. Doch es kam der erste Kriegswinter, und die mit den Serben verbündete russische Armee rückte gen Westen vor. Was sollte man also tun?

Der Vorstand der k. u. k. Militärkanzlei, General Bolfras von Ahnenburg, schlug vor, der Kaiser höchstpersönlich solle den Truppen an der Front einen Besuch abstatten und ihnen dadurch neue Kampfkraft einflößen. Der Monarch stand damals bereits im 85. Lebensjahr, er war allmählich etwas müde geworden. Und er glaubte, wie die folgende Konversation zeigt, offenbar schon damals nicht mehr an einen Sieg seiner Armee. General Bolfras eröffnete dem Kaiser seinen Plan, worauf der Monarch skeptisch fragte: »Glauben S' wirklich, dass sowas nützen tät? Wo stehen denn die Russen eigentlich?« Bolfras konnte nicht umhin, dem Kaiser die Wahrheit zu berichten: Dass nämlich die Heere des Zaren bereits die ungarische Tiefebene erreicht hatten. Daraufhin packte der Kaiser seinen Galgenhumor aus: »Na, Sehen S', so weit sind wir schon. Wart ma noch a bissel, dann können wir mit der Elektrischen zur Frontbesichtigung fahren.«

Karl I. – Der vergessene Kaiser

Dass der letzte Kaiser Österreichs militärisch in die Fußstapfen seines Vorgängers geriet, beschreibt eine wunderbare Geschichte, die Harald Havas in seinem »Habsburger Sammelsurium« gesammelt hat: »FAST EIN KRIEGSHELD. Obwohl er nicht selbst an der Front kämpfte, wurde Kaiser Karl I. doch beinahe ein Opfer des Ersten Weltkrieges: Am 11. November 1917 fiel er anlässlich eines seiner zahlreichen Frontbesuche in einen Hochwasser führenden italienischen Fluss (eigentlich Wildbach, *it.* torrente) namens ›Torre‹, wurde allerdings von seiner Begleitung gerettet. Zur Erinnerung an diese Errettung aus Lebensgefahr wurde zwar nicht gleich eine zweite Votivkirche gebaut – die ja nach einem misslungenen Attentat auf Karls Vorgänger Franz Josef aus Dankbarkeit und aus von Erzherzog Maximilian gesammelten Spendengeldern errichtet worden war – aber immerhin wurde eine ›Große Erinnerungsmedaille‹ aus Bronze hergestellt. Sie zeigt einen Krieger mit einem Flammenschwert in der einen Hand und einem Adler auf dem Unterarm der anderen, in einem Fluss watend, und trägt auf der Rückseite die Inschrift ›Zur Erinnerung an die Errettung aus Lebensgefahr – Die bildenden Künstler Wiens‹, mit Umschrift verschiedener Künstlervereinigungen, unter anderem auch der Secession.«

Ich will Ihnen diese symbolträchtige Episode nicht vorenthalten, weil sie einfach typisch ist. Karl I., der »arme kleine Kaiser«, wie ihn sein Außenminister Ottokar Graf Czernin nannte, war schlicht und ergreifend nicht darauf vorbereitet, Kaiser zu werden – er wurde von den Ereignissen überrollt und scheiterte sein Leben lang. Da wir aber keine einseitigen Informationen verbreiten möchten, zitieren wir im Folgenden immer wieder wortwörtlich aus der Homepage der »Kaiser Karl Gebetsliga für den Völkerfrieden« (www.emperor-charles.org): »Karl aus dem Hause Österreich wurde am 17. August 1887 auf Schloss Persenbeug in Niederösterreich geboren. Seine Eltern waren Erzherzog Otto und Prinzessin Maria Josepha von Sachsen, Tochter des letzten Königs von Sachsen. Kaiser Franz Josef I. war Karls Großonkel. Karl wurde bewusst katholisch erzogen und von Kindheit an durch eine Gruppe von Menschen im Gebet begleitet, da eine stigmatisierte Klosterfrau große Leiden und Angriffe gegen ihn prophezeit hatte. Daraus entstand nach dem Tod Karls die Kaiser-Karl-Gebetsliga für den Frieden der Völker – seit 1963 als Gebets-Gemeinschaft kirchlich anerkannt … Am 21. Oktober 1911 heiratete er Prinzessin Zita von Bourbon-Parma. In den gut zehn Jahren ihrer glücklichen und vorbildhaften Ehe wurden dem Paar acht Kinder geschenkt. Noch auf seinem Sterbebett sagte Karl zu Zita: »Ich liebe Dich unendlich!«

»Am 28. Juni 1914 wurde Karl infolge der Ermordung des Erzherzog Thronfolgers Franz Ferdinand durch einen Attentäter zum Thronfolger Österreich-Ungarns. Mitten im Ersten Weltkrieg machte der Tod Kaiser Franz Josefs Karl am 21. November 1916 zum Kaiser von Österreich. Am 30. Dezember

1916 wurde er zum Apostolischen König von Ungarn gekrönt. Auch diese Aufgabe sah Karl als Weg der Nachfolge Christi: in der Liebe zu seinen Völkern, in der Sorge um sie und in der Hingabe des Lebens für sie.«

Obwohl schon nach dem Sarajewo-Attentat designierter Thronfolger, war Erzherzog Karl bis zum Tod des alten Kaisers nicht in wichtige Entscheidungen involviert. Und so beging Karl I. nach Meinung vieler Historiker gleich seinen ersten schwerwiegenden politischen Fehler, als er sich als Karl IV. zum ungarischen König krönen ließ und damit das alte Bild der Doppelmonarchie prolongierte, was wiederum die Unzufriedenheit der slawischen Völker mit dem k. u. k. System verstärkte und den Zerfall der Monarchie beschleunigte.

»Die heiligste Pflicht eines Königs – für den Frieden zu sorgen – stellte Karl in den Mittelpunkt seiner Bemühungen während des furchtbaren Krieges. Als einziger aller Verantwortlichen unterstützte er die Friedensbemühungen Papst Benedikts XV.«

Das wiederum mögen die Karl-Fans so sehen, aber die einzigen geheimen Verhandlungen über einen Separatfrieden Österreich-Ungarns mit der Entente scheiterten mit der »Sixtus«-Affäre an den vermeintlichen Siegesgewissheiten der Kriegsbündnisse. Karl I. übernahm sogar das Oberkommando der Armee und damit auch die Verantwortung für die dramatisch verlustreichen Isonzo-Schlachten und den Einsatz von Giftgas gegen Italien.

»Im Inneren bot er in schwierigster Zeit die Hand zu einer umfangreichen und beispielgebenden Sozialgesetzgebung im Sinne der christlichen Soziallehre. Seine Haltung ermöglichte einen Übergang in die Nachkriegsordnung ohne Bürgerkrieg.

Dennoch wurde er nach dem Ende des 1. Weltkrieges aus seiner Heimat verbannt.«

Tja, alles eine Frage des Standpunktes. Das österreichische Volk rebellierte, es wollte doch tatsächlich keinen Kaiser von Gottes Gnaden mehr, sondern einfach Demokratie, ergo wurde die Republik ausgerufen, nachdem der erfolglose Regent unter dem Druck der heimischen Politiker am 11. November 1918 auf die Ausübung der Staatsgeschäfte verzichtet hatte. Ein persönliches Gespräch mit dem neuen Staatskanzler Karl Renner kam nicht zustande, weil der nicht dem Hofzeremoniell entsprechend um eine Audienz angesucht hatte. Da Kaiser Karl I. – mit Hinweis auf seine Einsetzung durch den lieben Gott – weiter nicht bereit war, formell abzudanken, stellt ihn die neue Regierung vor die Wahl: Ausreise oder Internierung. Worauf die kaiserliche Familie am 23. März 1919 unter dem Schutz des englischen Königs im nunmehr ehemaligen Hofzug das Land Richtung Schweiz verließ. Von dort widerrief der Ex-Kaiser am nächsten Tag all seine Verzichtserklärungen, worauf die bereits beschriebenen »Habsburgergesetze« beschlossen wurden, die alle Mitglieder des Hauses Habsburg-Lothringen des Landes verweisen, sofern sie nicht auf Herrschaftsansprüche verzichten.

»Auf Wunsch des Papstes, der eine kommunistische Herrschaft in Mitteleuropa befürchtete, versuchte Karl, seine Regierungsverantwortung in Ungarn wieder herzustellen. Zwei Versuche scheiterten, da er unbedingt einen Bürgerkrieg vermeiden wollte.« Aber den ehemaligen Kaiser möchte 1921 auch in Ungarn niemand mehr zurück. Beim zweiten Restaurationsversuch wird Karl I. interniert und – um weitere Zores zu vermeiden – auf einem britischen Kriegsschiff ganz weit weg von Europa, nämlich nach Madeira gebracht: »Karl wurde nach Madeira ins Exil geschickt. Da er seine Aufgabe als einen Auftrag Gottes sah, konnte er sein Amt nicht zurücklegen. Er lebte mit seiner Familie verarmt in einem feuchten Haus. Dort zog sich Karl eine tödliche Erkrankung zu, die er als Opfer für Frieden und Einheit seiner Völker annahm. Karl ertrug sein Leid ohne Klagen, verzieh allen, die an ihm schuldig geworden waren, und starb am 1. April 1922 mit dem Blick auf das Allerheiligste. Motto seines Lebens war, wie er noch am Sterbebett sagte: ›Mein ganzes Bestreben ist immer, in allen Dingen den Willen Gottes möglichst klar zu erkennen und zu befolgen, und zwar auf das Vollkommenste.‹ Das Leben und Sterben Kaiser Karls hat viele Menschen im Glauben gestärkt und ermutigt. Inspiriert von seiner Spiritualität betet die Kaiser Karl Gebetsliga für den Frieden der Völker. Sie betrieb auch den Seligsprechungsprozess.« Dazu der Historiker Ernst Hanisch: »Nachdem Karl als Herrscher relativ rasch gescheitert ist, bestand in der Seligsprechung die Möglichkeit, so etwas wie den sakralen Charakter der Monarchie noch zu retten. Und damit also auch Möglichkeiten einer Restauration, zwar nicht politisch, aber emotional, so offenzuhalten.«

Die Gebetsliga schließt: »Am 3. Oktober 2004 hat Papst Johannes Paul II. Kaiser und König Karl in Rom selig gesprochen. Sein Gedenktag ist der 21. Oktober, sein Hochzeitstag mit Zita von Bourbon-Parma.« Selig von Gottes Gnaden. Wenn das nicht Bestimmung ist. Dem ist nichts hinzuzufügen – oder vielleicht doch: Vehementer Fürsprecher der Seligsprechung war ein gewisser Kurt Krenn, der im selben Jahr von seinem Amt als Diözesanbischof zurücktreten musste, weil es im

Priesterseminar St. Pölten zum Beispiel zum Download von Kinderpornos gekommen war.

Die offizielle Delegation Österreichs bei der Zeremonie wurde vom immerhin zweithöchsten Vertreter der Republik geleitet: Nationalratspräsident Andreas Khol.

»Der alte Kaiser war 60 Jahre lang bemüht, die Monarchie zugrunde zu richten und hat es nicht geschafft, der junge wird das in zwei Jahren fertigbringen.« (Ministerpräsident Ernest von Koerber zu Beginn der Amtszeit von Kaiser Karl I.)

Wir bleiben Kaiser – Die Monarchie ist überall

Österreichische Schulkinder mussten zur Zeit der Monarchie den »großen Titel« des Kaisers noch auswendig lernen: »Seine Kaiserliche und Königliche Apostolische Majestät Franz Josef von Gottes Gnaden Kaiser von Österreich, König von Ungarn und Böhmen, von Dalmatien, Kroatien, Slawonien, Galizien, Lodomerien und Illyrien; König von Jerusalem etc.; Erzherzog von Österreich; Großherzog von Toskana und Krakau; Herzog von Lothringen, von Salzburg, Steyer, Kärnten, Krain und der Bukowina; Großfürst von Siebenbürgen, Markgraf von Mähren; Herzog von Ober- und Niederschlesien, von Modena, Parma, Piacenza und Guastalla, von Auschwitz und Zator, von Teschen, Friaul, Ragusa und Zara; Gefürsteter Graf von Habsburg und Tirol, von Kyburg, Görz und Gradisca; Fürst von Trient und Brixen; Markgraf von Ober- und Niederlausitz und in Istrien; Graf von Hohenems, Feldkirch, Bregenz, Sonnenberg etc.; Herr von Triest, von Cattaro und auf der Windischen Mark; Großwojwode der Wojwodschaft Serbien etc., etc.«

Das hat schon was hergemacht

Diesen Monarchen, diesen, heute würde man sagen, Multifunktionär, gibt es nicht mehr. Aber wir leben sehr gut davon, dass es ihn einmal gab. Vielleicht sogar besser als jemals zuvor. Und selbstverständlich denke ich hier wieder an unseren guten, alten, ewigen Kaiser Franz Josef I. und seine schöne und ach so tragisch endende Sisi. Über das Schicksal des armen Karl habe ich ja eben berichtet.

Wien Tourismus schreibt unter dem Titel »Kaiserliches Wien – zeitlose Pracht«: »Ein Spaziergang durch Wien ist wie eine Zeitreise in die imperiale Vergangenheit – kein Wunder, dass die historische Innenstadt von der UNESCO zum Weltkulturerbe ernannt wurde. In Wien gibt es über 27 Schlösser und mehr als 150 Palais, an jeder Ecke können Sie wertvolle Kulturgüter entdecken oder in einem Kaffeehaus von der guten alten Kaiserzeit träumen.«

Und der Tourismus boomt. Schloss Schönbrunn, die Hofburg, die Ringstraße, die Spanische Hofreitschule und der Stephansdom sind die fünf wichtigsten sogenannten Markentreiber, die als »Imperiales Erbe« laut Wien Tourismus-Marketingkonzept 2010 die Marke Wien zum größten Teil, nämlich zu 30 Prozent, bestimmen. Dann folgen als weitere Markeninhalte zum Beispiel die Themen »Musik- und Kulturangebot« und »Kultur des Genusses«. Bei den Besucherzahlen des Jahres 2009 führt die kaiserliche Sommerresidenz nach wie vor unangefochten das Ranking der Wiener Sehenswürdigkeiten an: 2.467.000 Menschen waren in Schloss Schönbrunn zu Gast. Und was die da im Museums-Shop alles käuflich erwerben können!

Dass es Sisi-Bücher, -Bilder, -Ansichtskarten, -Plakate, -Puppen, -Figuren und die DVDs mit der Trilogie der »Sissi«-Filme von Ernst Marischka gibt – gut. Bei Sisi-Kalendern, -Puzzles, -Spielkarten, -CDs (»The Sound of Sisi«) beginnt man nachzudenken, was sich bei Sisi-Taschen, -Kaffeehäferln, -Servietten, -Tellern, -Taschentüchern, -Salz und -Pfefferstreuern, -Münzen, -PEZ-Spendern und -Schneekugeln verstärkt. Über die Herleitbarkeit von Sisi-Anhängern, -Ohrclips, -Ohrsteckern, -Ohrgehängen, -Ohrringen, -Armbändern, -Broschen, -Colliers, -Haarschiebern, -Haarspangen, -Ketten, -Ringen, -Uhren, -Schlüssel- und -Handyanhängern kann man schon richtig streiten, und nach der Entdeckung von Sisi-Veilchen, -Talern, -Royal Cocktails (eigentlich sollte es ja »imperial« heißen, aber gut), -Handcremes, -Duschgels, -Bodymilks, -Seifen, -Aromasprays und -Badesalzen habe ich irgendwann mit den Notizen aufgehört.

KARIN WAGNER

Doch nicht nur der österreichische Tourismus setzt massiv auf k. u. k. Flair, auch die Werbung gibt sich 2010 kaiserlich, dazu zwei Beispiele: Der ORF wirbt mit einem jungen Kaiser-Moderatorenpaar für die Sendung »Bingo«.

SAMSTAG, 18.20 UHR
ORF 2
BINGO!
GEWINNEN IST ... BINGO!
SISSI, AN URLAUB VERMISS I.
www.win2day.at
6 KAISERURLAUBE
in einem Schlosshotel
inklusive Kaiserprogramm
GEWINNEN!*
Verlosung eines Urlaubes jede Woche unter allen mitspielenden Bingo Tipps bei den Ziehungen von 10.7. bis 14.8.2010.
*Gültig für 2 Personen, Kaiserprogramm nach Verfügbarkeit vor Ort: Kutschenfahrt, Schifffahrt u.v.m.

Und das schwedische Möbelhaus ist 2010 ebenfalls ganz Sisi. Das Inserat fand sich in einer Ausgabe der Tageszeitung »Österreich« inklusive passender Titelseite.

Echt oder unecht. Mit dem herrschaftlichen Mythos wurde schon damals ein simples Etwas in majestätischen Rang erhoben. Schönes Wetter klingt eben lang nicht so beeindruckend wie das »Kaiserwetter«, obwohl beide denselben Außenzustand meinen, nämlich blauen Himmel und strahlenden Sonnenschein.

Mit dem Vor-Wort »Kaiser« kriegt das Ganze eben gleich ein anderes G'sicht. Kaiseradler, Kaiserpinguin, Kaisergranat (auch Kaiserhummer genannt) oder Kaiserzikade. Stand das »Kaiser-« vor dem Tier, war das Viecherl eben hochherrschaftlich. Das imposanteste, größte, schönste oder lauteste. Auch bei kulinarischen Genüssen verspricht das »Kaiser-« Exquisites. Kaisersemmel, Kaiserfleisch, Kaisersuppe, Kaisergulasch, Kaiseromelette, Kaiserschöberl, Kaiserschnitzel und natürlich der Kaiserschmarrn präsentieren sich edler als bürgerliche oder bäuerliche Speisen.

Das imperiale »Markenprädikat« wird heute noch gern als Verkaufsargument genutzt – wenn's auch nur um einen einfachen Imbiss geht:

KARIN WAGNER

»Kaiser Schnitzelhaus«, Margaretenstraße 76, 5. Bezirk in Wien

Wir werfen einen letzten Blick zurück zu Obersthofmeister Fürst Hohenlohe. Denn schon der ahnte damals vieles von der Nachhaltigkeit seiner Reformen, ein Apparat wie der k. u. k. Hof war schließlich nicht von einem auf den anderen Tag umzukrempeln – »... um dieses Ziel zu erreichen, wird, unter günstigsten Verhältnissen, ein Zeitraum von wenigen Dezennien genügen ...«

Der Untergang der Monarchie im Jahr 1918 kam diesen Plänen dazwischen, Wien als ehemalige Residenzstadt wurde zum vielgescholtenen Wasserkopf der österreichischen Verwaltung, die für frühere Verhältnisse dimensioniert blieb. Wir haben keinen Hof mehr, dafür aber viele Hofräte. Wirtschaftsmagnaten können keine Adelstitel mehr kaufen, über die Verleihung der

Staatsbürgerschaft lässt sich allerdings dort und da aussichtsreich verhandeln.

Was blieb uns also vom Kaiser?

Vieles – nur eben anders.

Statt eines Monarchen, in dessen Person sich das gesamte Volk entäußert, haben wir ein Stückwerk, Flickwerk – ein Kaiserpuzzle. Jeder von uns ist ein Stückerl Kaiser. Da uns der personifizierte Kaiser abhanden gekommen ist, haben wir »das Kaiserliche« in uns selbst verankert. Nicht der Kaiser repräsentiert uns, wir repräsentieren den Kaiser. Und das funktioniert prima! Österreich ist die wahrscheinlich beste Monarchie der Welt, gerade WEIL es gar keinen echten Kaiser mehr gibt. Der würde womöglich noch Ärger machen, man denke nur an die englischen Royals, shocking! Und außerdem: Wer sollt's denn sein? Karl Habsburg, der gegenwärtige Vorstand des alten Herrscherhauses, der immer so drollig dreinschaut? Na ja, Sie sagen es auch: Da ist uns der Mythos des vorletzten Kaisers schon lieber! Und den Rest erledigen eben wir, das Volk.

Geblieben ist uns ja die Sehnsucht nach dem Imperialen. Wir machen das schon. Unser Urteil ist letztlich immer kaiserlich fundiert. Der gemeine Österreicher lässt sich – selbst bei allfälligen politischen Differenzen – dann anscheinend doch lieber von charismatischen Staatsmännern wie »Sonnenkönig« Bruno Kreisky oder »Nadelstreif-Manager« Franz Vranitzky regieren als von den Farblosen, wie Alfred Gusenbauer oder Wolfgang Schüssel. Ersterer ist durchgefallen, weil er so gar nichts Repräsentatives an sich hatte, letzterer, weil er seinen durchaus vorhandenen Hang zum Imperialen zwar eitel, aber eben zu wenig würdevoll zur Schau stellte.

Die neuen Herrscher der alten Erzherzogtümer, von nun an Bundesländer genannt, gefielen sich und ihrem Wahlvolk oftmals jahrzehntelang als Landesfürsten. Herbert Keßler regierte in Vorarlberg von 1964 bis 1987, Eduard Wallnöfer in Tirol von 1963 bis 1987 und Theodor Kery im Burgenland von 1966 bis ebenfalls 1987. In der Steiermark hieß der Landeshauptmann von 1948 bis 1971 Josef Krainer senior, von 1980 bis 1996 dann Josef Krainer junior. In Niederösterreich und Wien sind mit Erwin Pröll, seit 1992, und Michael Häupl, seit 1994, die amtierenden zugleich auch die in ihren jeweiligen Ländern am längsten herrschenden Kaiser.

Dass sich heuer Ulrich Habsburg-Lothringen um das Amt des Bundespräsidenten bewerben wollte, mag unterschiedlichste Motivationen gehabt haben. Die Position des Bundespräsidenten kommt der eines Ersatzkaisers schon nahe. Der nämlich sitzt bei den Zusammenkünften der Bundesversammlung (die Gesamtheit aller gewählten Volksvertreter im National- und Bundesrat) im alten Reichsratssitzungssaal auf einem thronähnlichen Sessel alleine, noch vor der ersten Sitzreihe.

Das vom Volk gewählte Staatsoberhaupt, und nicht das Parlament vereidigt die Bundesregierung, oder auch nicht. Bundespräsident Klestil lehnte bei der Regierungsbildung im Jahr 2000 zwei der vorgeschlagenen FPÖ-Kandidaten als Minister ab (Thomas Prinzhorn und Hilmar Kabas) und verlangte von den beiden Koalitionspartnern der Regierung »Schüssel I« die Unterzeichnung der berühmten »Präambel«, in der unter anderem der Respekt vor der Achtung demokratischer Werte bekannt wurde. Erst danach vereidigte Thomas Klestil mit steinerner Miene in stillem Protest die Regierung

– »nicht aus persönlicher Überzeugung, denn ich fürchte, dass Österreich international Schaden zugefügt wird«. Als er später gefragt wurde, wie denn sein Gesichtsausdruck zu deuten gewesen sei, erklärte er, die Sorge um das Land sei ihm ins Gesicht geschrieben gewesen. Das ist doch eine wahrhaft kaiserliche Aussage, oder?

Übrigens: Vor der Wahl sind unsere Bundespräsidenten vielleicht gewöhnliche Menschen. Danach sind sie keine Normalsterblichen mehr – und werden in einer eigenen Gruft begraben …

Und wir brauchen schließlich wen, der all die wunderbaren Festivitäten in unserem Staat feierlich eröffnet, nachdem er – huldvoll als letzer – (Ehren-)Gast erschienen ist. Ob das jetzt dem jeweiligen Inhaber des Amtes persönlich liegt oder nicht, ist einerlei. WIR wissen schon, was zu tun ist. Kaiser Franz Josef soll 1910 zu Präsident Theodore Roosevelt gesagt haben: »Ich bin der letzte Monarch der alten Schule. Es ist meine Aufgabe, meine Völker vor ihren Politikern zu schützen!« Das gelang ihm damals genauso wenig, wie wahrscheinlich Heinz Fischer uns beschützen kann, obwohl er, ganz Monarch, in allen Klassenzimmern unseren Kindern aufmunternd zulächelt. Aber auch hier geht es natürlich um das Symbol und nicht um die konkrete Person.

Ein vorletztes Beispiel dafür, dass Österreich gar nicht daran denkt, so ganz Republik zu sein, ist unser Bundeswappen, das so wie alle anderen in seiner Form auf die der ritterlichen Schutzschilde zurückgeht.

Das aktuelle österreichische Bundeswappen

Das aktuelle Wappen (oben) und das des österreichischen Kaisers (unten) im direkten Vergleich – Fazit: Der Bundesadler schaut trotz Adaptionen noch immer so aus wie der Kaiseradler, lediglich ein paar Symbole haben sich geändert.

Der Adler hat einen Kopf verloren, desgleichen die alten Insignien wie Zepter und Reichsapfel. Der heutige Adler trägt Hammer und Sichel in seinen Fängen, die Symbole für Arbeiterschaft und Bauerntum, er kann offenbar unmöglich mit »leeren Händen« dastehen. Neu sind seit 1945 die gesprengten Ketten, Sinnbild für die Befreiung von den Nazis.Der rotweißrote Schild hingegen hat bereits mehr als tausend Jahre Tradition: Er geht auf die Babenberger und Habsburger zurück. Was aber trägt der Adler auf seinem Haupt, doch nicht etwa eine Krone? Doch, aber die steht natürlich nicht mehr für den Kaiser, sie ist die »Mauerkrone«, neues Symbol für das Bürgertum. Eine Krone für das Bürgertum, das ist grotesk, oder? Wo's bei uns doch nicht amal mehr einen Adel gibt. Nein, nein, wir wissen ganz genau, was diese Krone bedeutet: Unser Adler ist natürlich noch immer ein Kaiseradler und kein republikanisches Hendl.

Wappen des Kaisertums Österreich 1815–1867
(zur Erinnerung: 1815 begann das österreichische Kaisertum, nach der Niederlegung der römisch-deutschen Kaiserkrone)

In der Zwischenkriegszeit, genauer gesagt, in der Zeit des Austrofaschismus 1934–1938, war das Wappen des Ständestaates da noch wesentlich reduzierter, man griff nämlich auf das römisch-deutsche Wappen zurück. Der Adler verlor zwar seine Kaiserkrone, behielt aber beide Köpfe mitsamt der Heiligenscheine (siehe die folgenden Abbildungen).

Wappen des Bundesstaates Österreich (Ständestaat) von 1934 bis 1938

Die Rückseite des Maria-Theresien-Talers

Nach dieser Opulenz lohnt doch ein Seitenblick auf das neben dem österreichischen älteste Wappen Europas: Wenn man sich das aktuelle Staatswappen der Bundesrepublik Deutschland anschaut, dann sieht man, das ist wirklich republikanisch – und völlig nackert.

Das aktuelle Staatswappen der Bundesrepublik Deutschland

Auf den letzten Zeilen noch ein Vergleich mit unseren deutschen Nachbarn. Wenn man etwas über den deutschen Bundespräsidenten in Erfahrung bringen möchte, dann findet man seine Homepage ganz simpel unter: *www.bundespraesident.de*. Gibt man dasselbe – nur mit der .at-Endung ein, dann verliert man sich im Nirgendwo des weltweiten Netzes.

Wie lautet also die Web-Adresse des österreichischen Bundespräsidenten? *www.hofburg.at!*

Noch Fragen? Ich sage ja: Wir bleiben Kaiser!
Die Monarchie lebt in uns.

LITERATUR

Christian Dickinger: *Habsburgs schwarze Schafe* (Piper)
Sigrid-Maria Größing: *AEIOU* (Amalthea)
Sigrid-Maria Größing: *Um Krone und Liebe* (Amalthea)
Sigrid-Maria Größing: *Der goldene Apfel* (Amalthea)
Sigrid-Maria Größing: *Um Macht und Glück* (Amalthea)
Brigitte Hamann: *Elisabeth* (Piper)
Brigitte Hamann: *Kronprinz Rudolf* (Piper)
Brigitte Hamann (Hg.): *Kaiserin Elisabeth* (Verlag der österreichischen Akademie der Wissenschaften)
Harald Havas: *Habsburger Sammelsurium* (Pichler Verlag)
Franz Herre: *Maria Theresia* (Piper)
Konrad Kramar, Petra Stuiber: *Die schrulligen Habsburger* (Piper)
Karl Kraus: *Die letzten Tage der Menschheit* (Die Fackel)
Hannes Leidinger, Verena Moritz, Berndt Schippler: *Schwarzbuch der Habsburger* (Haymon)
Richard Reifenscheid: *Die Habsburger in Lebensbildern* (Piper)
Martha Schad (Hg.): *Marie Valerie von Österreich* (Piper)
Robert Seydel: *Die Seitensprünge der Habsburger* (Piper)
Der Spiegel Geschichte: *Die Habsburger*
Katrin Unterreiner: *Sisi* (Herder)
Katrin Unterreiner: *Sisi* (Christian Brandstätter Verlag)
Katrin Unterreiner: *Kaiser Franz Joseph* (Christian Brandstätter Verlag)
Karl Vocelka: *Geschichte Österreichs* (Heyne)
Martina Winkelhofer: *Viribus unitis* (Amalthea)
Herwig Wolfram (Hg): *Österreichische Geschichte* (Ueberreuter), im Speziellen: Karl Vocelka, Helmut Rumpler, Ernst Hanisch, Roman Sandgruber, Alois Niederstätter

Marcus Wadsak
Donnerwetter!
201 Fakten über Sonne, Wind und Regen

Wussten Sie, dass Eisblumen aussterben, die Antarktis wächst, Sonnenbrillen unglücklich machen, Männer fünfmal so oft vom Blitz getroffen werden wie Frauen? Marcus Wadsak, Meteorologe der Zeit im Bild und von Ö3, punktet in seinem Buch »Donnerwetter!« mit dem Aha-Effekt: Es gelingt ihm, meteorologisches Fachwissen mit leichter Feder in kleine Häppchen zu verpacken, die allesamt wissenschaftlich fundierte Überraschungen bieten. Er schließt damit nicht nur meteorologische Bildungslücken und räumt – immer auf die Pointe bedacht – mit falschem Wetteraberglauben auf. Der prominente Medien-Meteorologe bietet mit seinem Bucherstling das perfekte Rüstzeug, um bei jedem Small-Talk zu brillieren.

Hardcover mit Schutzumschlag
192 Seiten, EUR 19,95 / CHF 33,90
ISBN 978-3-99001-016-7

Mirko Kovats
Die Sowjets hatten recht
62 Thesen eines Querdenkers

Der Industrielle Mirko Kovats analysiert schonungslos den Ist-Zustand der Republik und entwirft einen Sanierungsplan für mehr Wohlstand und Wirtschaftswachstum. Seine Thesen sind kontroversiell: Die Steuern müssen vorübergehend rauf, unsere wirtschaftliche Zukunft liegt in Afrika und der sowjetische Rubel hatte Vorteile gegenüber dem Euro. Außerdem legt Kovats sein persönliches Erfolgsgeheimnis dar: Er habe, meint der milliardenschwere Konzernchef, sein Leben lang einfach immer das Gleiche getan.

Hardcover mit Schutzumschlag
208 Seiten, EUR 19,95 / CHF 33,90
ISBN 978-3-99001-015-0